Näh-Vergnügen*

* In 20 Schritten von der Anfängerin zum Nähprofi

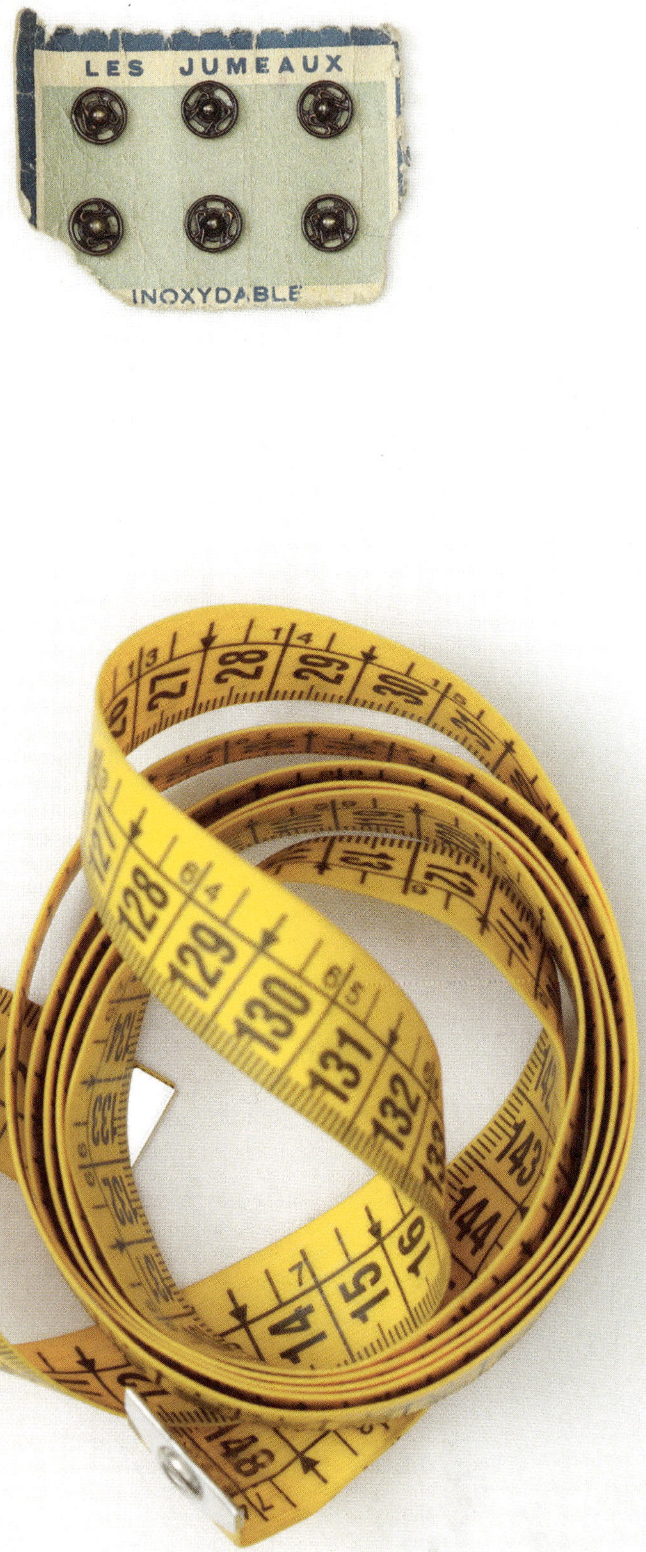
LES JUMEAUX
INOXYDABLE

Marion Madel
Mit Fotografien von Richard Boutin
Styling: Émilie Rouffiat

Näh-Vergnügen*

* In 20 Schritten von der Anfängerin zum Nähprofi

Bassermann Inspiration

GEBRAUCHSHINWEIS

Dieses Buch könnte auch heißen „Kleiner Kurs für Näherinnen, die sich alle Kniffe zunutze machen möchten". Vielleicht haben Sie sich, wie viele von uns, eines Tages in einen hübschen Stoff verguckt, um daraus ein Kleid, eine Bluse oder einen Rock zu nähen. Dieses Vorhaben ist aber daran gescheitert, dass der Blick auf ein Schnittmuster mit seinen geheimnisvollen Linien und Zeichen und schwer verständlichen Erläuterungen Sie an Ihren Schneiderfähigkeiten zweifeln ließ. Jetzt halten Sie hiermit aber das Patentrezept in Ihren Händen.

Dieses Buch ist aufgebaut wie ein Näh-ABC mit zwei gesonderten Teilen, wobei der zweite Teil wiederum in Kapitel unterteilt ist. Beginnen Sie mit Teil A, der Nähtechnik, und lesen Sie dort die Erklärungen, bevor Sie sich an ein Modell wagen. Dort wird alles verständlich erklärt, von der Wahl des passenden Stoffs und Garns über das Lesen, Verstehen und Umsetzen eines Schnittmusters bis zur Fertigstellung. Wenn Sie diesen ersten Teil gelesen haben, ist es Zeit, zur praktischen Anwendung zu schreiten.

In den vier Kapiteln des zweiten Teils werden jeweils fünf Modelle vorgestellt. Das erste Kapitel befasst sich mit einfachen Nähtechniken, der Schwierigkeitsgrad nimmt im weiteren Verlauf des Buches zu. Das Vorgehen wird jedoch immer Schritt für Schritt erklärt und durch Fotos illustriert. Wählen Sie das Modell aus, das Sie gerne nähen möchten, vergrößern oder übertragen Sie das Schnittmuster von den Bögen am Ende des Buches, und folgen Sie der Anleitung. Sie werden sehen, dass es wirklich einfacher ist, als es scheinen mag. Eines sollte man jedoch beachten: Um eine gute Schneiderin zu sein, sollten Sie eine Nähmaschine zur Verfügung haben, die gut funktioniert und die Sie perfekt beherrschen. Die Nähmaschine ist das unverzichtbare Werkzeug jeder Näherin, kann ihr jedoch auch die größten Probleme bereiten, wenn sie diese zum ersten Mal benützt. Daher übt man den Umgang am besten mit verschiedenen Stoffmustern, etwa so wie ein Musiker, der an seinem Instrument seine Übungen macht.

Wie oben bereits erwähnt: Sie halten den Schlüssel zum Erfolg in Ihren Händen – nun ist es an Ihnen, mit Farben, Formen und Materialien zu spielen!

Marion Madel

IN 20 SCHRITTEN ZUM NÄHERFOLG

ALLES WICHTIGE ÜBER DAS MATERIAL

Gründe, warum man seine Kleidung selbst nähen möchte, gibt es genügend: um der Uniformierung durch die Mode und die Kaufhäuser zu entkommen oder die Lust, mit eigenen Händen ein Kleidungsstück zu fertigen. Denken Sie nicht, Sie seien dazu nicht in der Lage. Selbst wenn Sie das Nähen nie gelernt haben, bedeutet das nicht, dass Ihnen dieses Fach völlig verschlossen bleiben muss. Es ist wie bei jeder anderen Technik auch: Wenn Sie die Grundlagen und die Terminologie kennen und gewisse Regeln befolgen, wird alles, was anfangs kompliziert erscheint, nach und nach verständlich, und scheinbar Lästiges erweist sich als echtes Vergnügen.
Zuerst muss der geeignete Stoff für das gewünschte Modell gewählt werden, ein Vorgang, der in diesem Kapitel erklärt wird, und nach dem Stoff richtet sich auch das zu verwendende Garn. Jede gute Schneiderin besitzt natürlich ein Nähkästchen, und hier erfahren Sie, welche Grundausstattung es enthalten sollte. Um eine Nähmaschine nutzen zu können, muss man wissen, wie sie funktioniert. Daher werden hier die verschiedenen Elemente einer Nähmaschine inklusive der verschiedenen Nähfüße und Nadeln genau vorgestellt, bevor die unterschiedlichen Stiche und deren Verwendung detailliert zur Sprache kommen. Es wird darüber hinaus alles erläutert, was man über Schnittmuster wissen sollte, sodass Sie die unverzichtbaren Grundbegriffe kennen und die grundlegendsten Techniken beherrschen, wenn Sie beginnen, Ihren Plan in die Tat umzusetzen.
Das Fertigen der Modelle im zweiten Teil des Buchs verlangt zuerst nur vergleichsweise einfache Arbeitsschritte, damit Sie eine gewisse Übung bekommen und an Ihrer Technik feilen können. Nach und nach nimmt der Schwierigkeitsgrad dann zu, sodass Sie ständig weitere Fertigkeiten erlernen – bis Sie schließlich ein echter Profi sind!

CORDONNET
CABLÉ LOUIS D'OR 6 FILS
60
60
Col 8500

DIE GARNE

Garne gibt es in sämtlichen Farben für alle Stoffarten und Verwendungszwecke. Man erhält sie auf Spulen in verschiedenen Größen und Formen, von konisch bis zylindrisch.
Der Heftfaden auf dicken Spulen ist wenig reißfest. Er wird für das erste Zusammenheften der Nähte verwendet und lässt sich leicht auftrennen.
Merzerisiertes Garn aus 100 % Baumwolle ist für das Nähen mit der Maschine ideal. Sie sollten es immer vorrätig haben.
Extra starkes Jeansgarn ist ein mattes, festes Garn, meistens aus 100 % Baumwolle. Es eignet sich für manuelles Nähen ebenso wie für das Maschinennähen. Man nimmt es zum Zusammennähen von Wollgeweben und Jeansstoffen.
Polyester- oder Allzweckgarn empfiehlt sich für das Nähen mit synthetischen Stoffen, Mischgeweben und Wirkware. Es sieht etwas ungleichmäßig aus und wird nur beim Nähen mit der Maschine verwendet.
Spezialfaden für **Unterfaden** besteht zu 100 % aus sehr dünnem Polyester. Es gibt ihn in Weiß und in Schwarz. Weiß ist er fast unsichtbar, er kann für helle Stoffe oder solche in neutralen Farben verwendet werden.
Knopflochgarn, häufig aus Seide oder Baumwolle, wird auf kleinen Garnrollen angeboten. Seine verzwirnte Beschaffenheit eignet sich bestens für das Handsticken von Knopflöchern, zum Annähen von Knöpfen oder für Ziernähte.

WISSENSWERTES

Um eine uneinheitliche **Reaktion** von Stoff und Garn **beim Waschen und bei Gebrauch** zu vermeiden, sollten Sie immer ein Garn von ähnlicher Zusammensetzung wie die des Stoffes wählen. Nehmen Sie also für Baumwollstoffe ein Garn aus 100 % Baumwolle, für Synthetikstoffe Polyestergarn, und berücksichtigen Sie auch die Stoffdicke und den gewünschten Effekt.
Um die **richtige Garnfarbe** zu wählen, rollt man am besten von mehreren verschiedenen Farbspulen ein Stück Garn auf dem Stoff aus und wählt die Farbe, die genau den Farbton trifft oder um eine Nuance dunkler ist.
Auf dem Etikett werden die **Zusammensetzung sowie die Länge und Dicke** des Garns angegeben.
Die Nummer, mit der die Dicke angegeben wird, bezeichnet die Kilometerlänge pro Kilogramm der jeweiligen Garnsorte. Ein Kilogramm eines Garns mit der Nummer 50 ist demnach ausgerollt 50 Kilometer lang, weshalb gilt: je höher die Nummer, desto feiner das Garn.

DIE STOFFE

Die Stoffwahl wird eigentlich von der Art des Kleidungsstücks bestimmt. Es kommt aber sicher nicht selten vor, dass man sich spontan in einen Stoff verliebt. Hier einige Tipps für die richtige Wahl:

Stoffe als Meterware werden in verschiedenen Breiten angeboten, abhängig von der beabsichtigten Verwendung und der Zusammensetzung: 90 und 110 cm sind die Standardbreiten für feine Kleidungsstoffe, wie Baumwollstoffe, Seidenstoffe, Stoffe im Seidenlook und synthetische Stoffe. Tuch in der Breite von 150 und 180 cm ist in der Regel schwerer – wie zum Beispiel Wollstoff, Baumwollgabardin, Jeansstoff – oder findet als Möbelstoff Verwendung.

Jeder Stoffballen im Geschäft trägt an einem Ende ein Etikett, auf dem die Breite, die Materialzusammensetzung sowie bei Mischgeweben der prozentuale Anteil der jeweiligen Materialien und der Meterpreis angegeben werden.

Kunstlicht verfälscht die Farben, daher sollte ein Stoff vorzugsweise unter Tageslicht gewählt werden.

Anfängerinnen sollten vorzugsweise Stoffe wählen, die nicht rutschig sind und wenig ausfransen. Daher sollten zu 100 % synthetische Stoffe, Acetate und langflorige Stoffe, wie Velours und Wirkware, gemieden werden.

BAUMWOLLE/LEINEN/CHAMBRAY, DIE PFLANZLICHEN FASERN

Diese Fasern sind angenehm zu tragen, da sie luftdurchlässig sind und so die Haut atmen lassen. Allerdings neigen Sie – mit Ausnahme von garantiert farbechter Baumwolle – dazu, beim Waschen auszubleichen und knittern gerne, dies gilt besonders für Leinen.

WOLLE/SEIDE, DIE TIERISCHEN FASERN

Wolle und Seide werden beide wegen ihrer thermischen Eigenschaften verarbeitet und sind pflegeleicht, solange man sie nicht zu heiß wäscht. Ganz allgemein werden alle diese Fasern kalt gewaschen.

REYON/VISKOSE/ACETAT, DIE CHEMIEFASERN AUS PFLANZLICHEN BESTANDTEILEN

Aus pflanzlicher Zellulose werden zellulosische Chemiefasern gewonnen. Acetat, das dehnbeständig und mottensicher ist, läuft nicht ein. Es gibt den Stoffen einen schönen Fall, verträgt jedoch keine chemische Reinigung. Bei Reyon oder Viskose entsprechen Aussehen und Fall des Stoffes denen von Seide. Viskose verträgt kein heißes Wasser, es kann dazu führen, dass der Stoff knittert und einläuft.

ELASTAN/POLYESTER, DIE SYNTHETISCHEN FASERN

Ohne diese aus der Erdölchemie hervorgegangenen Fasern käme man heute nicht mehr aus. Wegen ihrer hohen Leistungsfähigkeit sind sie für uns unverzichtbar geworden: Der Tragekomfort von Elastan ist enorm, Polyester lässt sich problemlos waschen, ohne zu knittern oder einzulaufen, Polyamid imitiert Seide, Mikrofasern sind zugleich wasserundurchlässig und atmungsaktiv, und Acrylfasern sind weich und warm.

DIE RICHTIGE PFLEGE

Die folgende Tabelle fasst die Symbole der Pflegeheinweise zum Waschen, Trocknen und Bügeln zusammen. Es ist empfehlenswert, alle Stoffe, die zum Einlaufen neigen, mindestens zwölf Stunden in klarem Wasser ohne Zusatz eines Waschmittels einzuweichen. Bei diesem Spülvorgang wird auch die Appretur entfernt, mit der Stoffe vom Hersteller behandelt werden.

Waschen	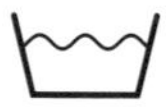	Dieses Symbol gibt Hinweise zur Wäsche. Die Zahlen im Inneren geben die Waschtemperatur in Grad Celsius an. Die Hand bedeutet, dass der Artikel ausschließlich für Handwäsche geeignet ist. Beispiel: 
Bleichen		Dieses Symbol erlaubt das Bleichen mit allen Produktarten, ob auf Chlor- oder Sauerstoffbasis.
Trocknen		Dieses Symbol empfiehlt die Temperatur in einem Wäschetrockner. 1 Punkt (.) = mäßige Temperatur 2 Punkte (..) = keine Temperaturbeschränkung. Beispiel: 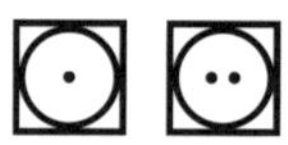
Bügeln		Dieses Symbol definiert die Bügeltemperatur 1 Punkt (.) = 110 °C 2 Punkte (..) = 150 °C 3 Punkte (...) = 200 °C Beispiel: 
Chemische Reinigung		Dieses Symbol gibt an, dass der Artikel chemisch gereinigt werden sollte.
Durchgestrichene Symbole		Ist ein Symbol durchgestrichen, so bedeutet dies, dass der jeweilige Vorgang nicht ausgeführt werden sollte. Beispiel: 

Textilart	Waschen	Bügeln
Acetat	○	•
Acrylfaser	Handwäsche	••
Batist	40°	••
Baumwolle	95°	•••
Baumwolle und Seide (50/50)	40°	••
Chambray (Baumwolle)	60°	•••
Elastan	40°	•
Flanell (Wolle)	Handwäsche	••
Fleece	○	••
Gabardine (Wolle)	○	••
Jeansstoff (Baumwolle)	40°	•••
Leinen	60°	•••
Lochstickerei (Baumwolle)	60°	••
Seide	Handwäsche	•
Spitze	○	••
Velours (Baumwolle)	○	••
Webpelz	○	•
Wolle und Seide (50/50)	○	••

SO BÜGELN SIE RICHTIG

Das Bügeleisen ist ein wichtiger Verbündeter der Näherin. Es dient dazu, die Nahtzugaben flach auseinanderzubügeln und sie bei den Nähvorbereitungen und dem eigentlichen Nähen eines Kleidungsstücks auszurichten, man bügelt damit aber auch die Stofflagen von Abnähern und Falten flach. Außerdem werden mit dem Bügeleisen schräg zugeschnittene Stoffe in die gewünschte Form gebracht. Sobald Sie mit dem Nähen beginnen, müssen Sie Ihr Bügeleisen griffbereit haben:

Ein **Dampfbügeleisen** besitzt zusätzlich zur extrem glatten Bügelsohle eine Dampfsprühtaste, um unschöne Falten zu glätten und eine Dampfdrucktaste, mit der man eine Druckbedampfung von dickeren Stoffen auslösen kann.

Ein stabiles **Bügelbrett** sollte höhenverstellbar und recht lang und breit sein, um das Bügeln zu erleichtern.

Ein **Ärmelbrett** zum Bügeln enger runder Teile wie Kragen und Ärmelmanschetten ist sehr nützlich. Es ist ein kleines frei stehendes Zusatzbügelbrett mit Moltonpolsterung und einem Überzug.

Ein **Bügeltuch** dient dem leichteren Bügeln und hilft, empfindliche Stoffe nicht zu beschädigen. Man verwendet es entweder angefeuchtet oder trocken, je nach der Zusammensetzung des zu bügelnden Stoffes.

Eine **Sprühflasche** zum Befeuchten von Baumwoll- oder Leinenstoff, die sich feucht besser bügeln lassen, ist ein nützliches Hilfsmittel.

EINIGE BÜGELTIPPS

Die Bügelsohle muss regelmäßig gesäubert werden, denn sie verschmutzt durch die Appretur der Stoffe, die sich unter Wärmeeinwirkung auf der Sohle absetzt. Am einfachsten geschieht die Säuberung, wenn man das Bügeleisen auf „Seide" einstellt und die Bügelsohle mit einem mit Essigessenz angefeuchteten Tuch abwischt. Falls Sie nicht immer destilliertes Wasser für den Wassertank verwenden, muss das Bügeleisen gelegentlich entkalkt werden. Hierfür können Sie handelsübliche Produkte verwenden und sich auf die Angaben des Herstellers beziehen oder eine umweltfreundliche und zugleich preiswerte Variante wählen: Stellen sie das Bügeleisen auf „Baumwolle". Verdünnen Sie etwas Essigessenz mit der doppelten Menge Wasser. Füllen Sie diese Mischung in den Wassertank. Ziehen Sie den Netzstecker, und stellen Sie das Bügeleisen flach auf einen tiefen Teller. Der Tank entleert sich tropfenweise und nimmt dabei den Kalk mit. Den Vorgang so oft wie nötig wiederholen.

calor
Ultragliss
Diffusion 55
min.
synth.
soie
laine
coton
lin

DAS NÄHKÄSTCHEN

Ob groß oder klein, aus Holz oder Karton, mit Füßen und Fächern zum Ordnen der Nähutensilien oder ein einfacheres Modell, ob ein Erbstück von der Tante oder Großmutter oder im Lauf der eigenen Arbeiten zusammengestellt – das Nähkästchen ist ein unverzichtbares Accessoire jeder Schneiderin, ob sie Anfängerin oder fortgeschritten ist. Meist ähnelt es einem Schatzkästchen, in dem sich beim Herumkramen für – fast – jedes Problem eine Lösung finden lässt. Einige Elemente sind sehr wichtig, wie Schere, Näh- und Stecknadeln, Maßband oder auch ein Nahtauftrenner, andere kommen im Laufe des Abenteuers „Nähen" hinzu. Nach und nach stellen Sie eine Palette an Garnen in allen Grundfarben zusammen, vom merzerisierten Garn bis zum Heftfaden, von der kleinen Garnrolle bis zur großen Spule, sowie eine Knopfschachtel, sodass Sie jederzeit eine Näharbeit beginnen können, sogar an einem Sonntag.

Haken
Haken sind, je nach Verwendungszweck und Stoffart, in mehreren Größen erhältlich; sie ersetzen Knöpfe und Knopflöcher.

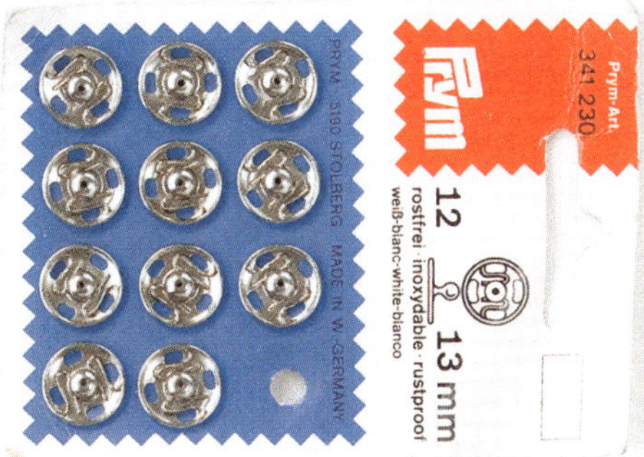

Druckknöpfe

Flache Knöpfe und Knöpfe mit Öse
Knöpfe gibt es in allen Farben und Größen – sie lassen sich auf jeden Stoff abstimmen.

Gummiband

Borten und Bänder

Zackenlitze

Fingerhut

Magnet

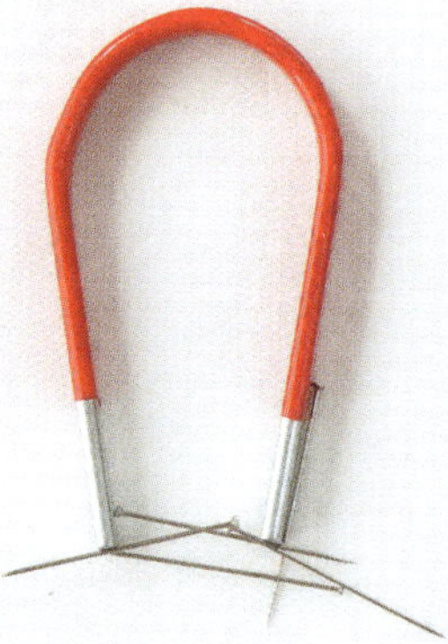

Stecknadeln mit Glaskopf
Sie sind eher zum Zusammenstecken dicker Stoffe bestimmt, aber auch sehr praktisch als Markierung beim Zusammenfügen der einzelnen Schnittteile.

Extradünne Stecknadeln
Beim Zusammenfügen eines Kleidungsstücks werden sie senkrecht zum Saum gesteckt. Sie können den Arbeitsgang des Heftens ersparen.

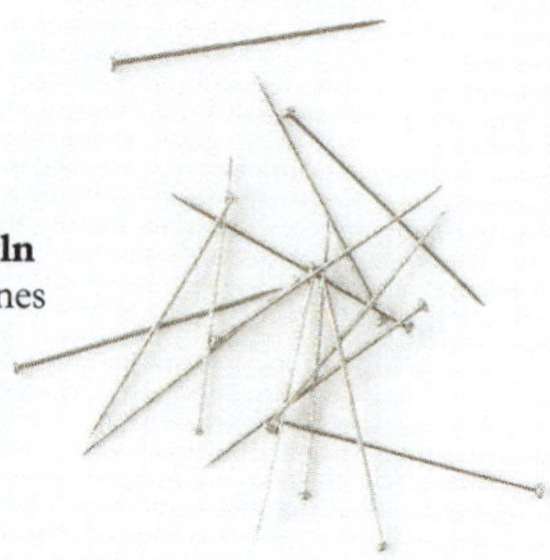

Nadelkissen

Sortiment von Nähmaschinennadeln
Wie das Nähen per Hand, erfordert auch das Maschinennähen eine Auswahl an Nadeln, um verschiedene Stoffe verarbeiten zu können.

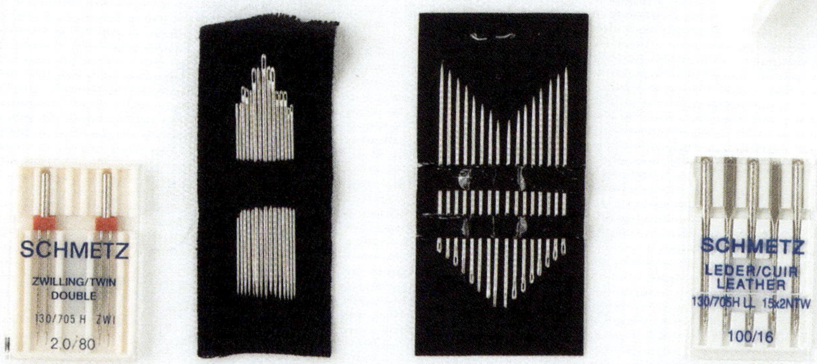

Sortiment von Nähnadeln
Ein solches Sortiment ist unverzichtbar, um die richtige Nadel für jede Näharbeit – Heften oder Nähen – und jede Stoffart – dick oder fein – zur Verfügung zu haben. Halten Sie also ein Sortiment an Nähnadeln bereit, von Nr. 7, den dicksten Nadeln, bis Nr. 10 für besonders dünne Stoffe.

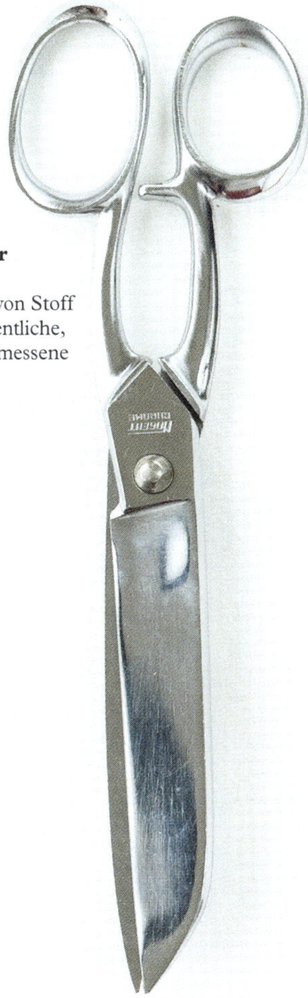

Schneider- oder Stoffschere
Zum Schneiden von Stoff sollte es eine ordentliche, dem Zweck angemessene Schere sein.

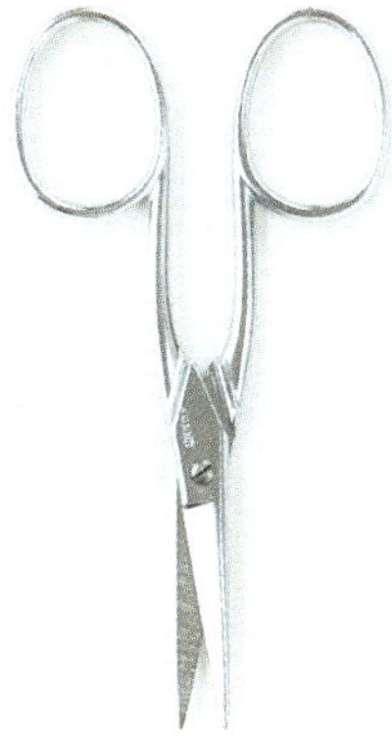

Stickschere

Fadenabschneider
Er wird zum Abschneiden des Maschinenfadens nach dem Maschinennähen oder um Knopflöcher zu öffnen verwendet.

Zackenschere
Sie dient zum Schneiden eines Stoffrandes, damit er nicht ausfranst.

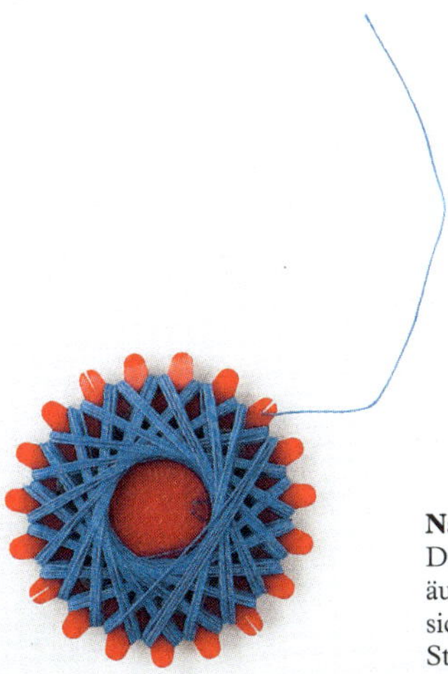

Nahtauftrenner
Die U-förmige, sehr spitze Klinge dieses äußerst praktischen Werkzeugs schiebt sich zwischen die beiden Lagen eines Stoffs, um eine Naht aufzutrennen.

Holzlineal und Maßstock
Diese Hilfsmittel sind sehr nützlich beim Übertragen des Schnittmusters auf den Stoff. Der Maßstock sollte mindestens 60 cm lang sein.

Flexibles Kurvenlineal
Dieses Kurvenlineal verwenden Sie zum genauen Abmessen von Armausschnitten, Brust- oder Hüftmaßen am Stoff.

Kurvenlineal
Dieses Werkzeug mit seiner speziellen Form eignet sich ideal zum Aufzeichnen präziser Rundungen. Wählen Sie ein recht großes Exemplar mit konvexen und konkaven Kurven.

Maßband

Rechtwinkliges Zeichendreieck
Ein solches Dreieck ist praktisch, um rechte Winkel des Schnittmusters zu markieren und den Fadenlauf der Stoffe zu überprüfen. Nehmen Sie ein gleichschenkliges Dreieck, damit lassen sich 45-Grad-Winkel beim schrägen Zuschneiden rasch aufzeichnen.

Kohlepapier
Bei dunklen Stoffen nimmt man helles, bei hellen Stoffen dunkles Kohlepapier. Es liegt zwischen Schnittmuster und Stoff und überträgt die Linien auf den Stoff, die mit einem Kopierrädchen nachgefahren werden.

Kopierrädchen
Zum Übertragen der Schnittmuster mit Kohlepapier sollten Sie zwei Kopierrädchen besitzen, eines mit runderen Spitzen für empfindliche Stoffe und eines mit größeren und schärferen Spitzen für dicke Stoffe.

Bleistift

Schneiderkreide
Sie hat die Form eines kleinen Kieselsteins und ist in verschiedenen Farben erhältlich: Helle Farben werden für dunkle Stoffe verwendet und umgekehrt.

Auswaschbarer Textilstift
Ein solcher Stift ist sehr nützlich, um Markierungen auf den Stoff zu malen, beispielsweise für Knopflöcher.

Kreiderad
Der mit Kreidepulver gefüllte Speicher ist mit dem Kopierrädchen verbunden. Das Kreiderad wird ohne Kopierpapier direkt auf dem Stoff angewendet.

DIE NÄHMASCHINE

Alle Nähmaschinen, von der einfachsten bis zur komplexesten, verfügen über dieselben Grundfunktionen. Wo die Bedienungselemente platziert sind, kann je nach Marke unterschiedlich sein, vorhanden sind sie jedoch bei allen Maschinen. Lesen Sie sich, bevor Sie mit dem Nähen beginnen, die Bedienungsanleitung Ihrer Maschine aufmerksam durch.

7 – Die Bedienungstasten für den Rückwärtsstich und das Anheben der Nadel befinden sich in der Nähe der Nadel und des Nähfußes, damit sie schnell bedient werden können.

6 – Der Faden der Oberspule muss unbedingt in der richtigen Reihenfolge durch alle Fadenführungen gefädelt werden, damit er die nötige Spannung hat, um eine tadellose Naht zu ergeben. Halten Sie sich dabei an die Bedienungsanleitung Ihrer Maschine.

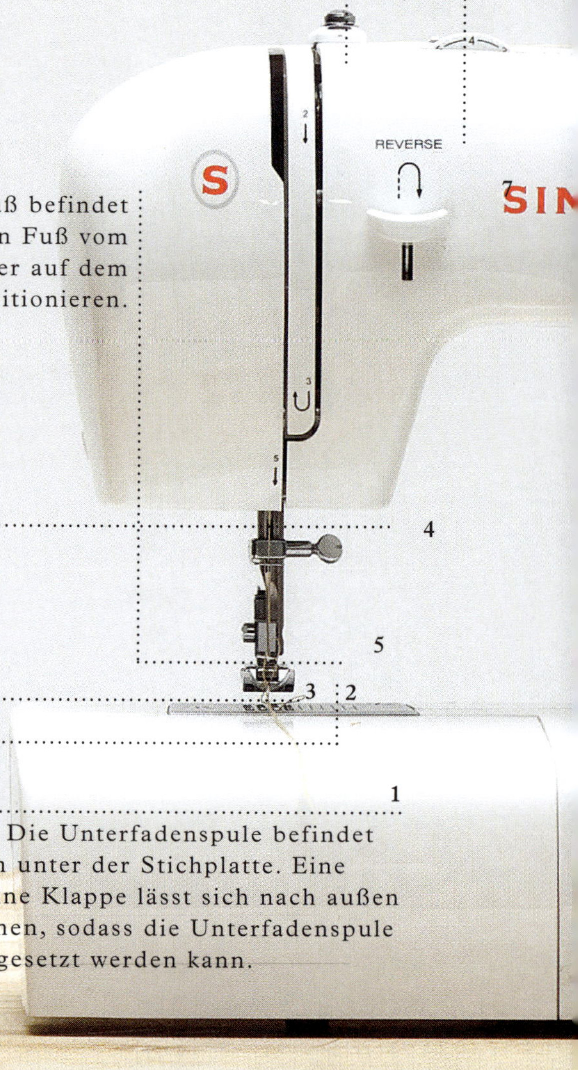

5 – An dem Nähfuß befindet sich ein Hebel, um den Fuß vom Stoff abzuheben oder auf dem Stoff zu positionieren.

4 – Die Schraube an der Nadelhalterstange lässt sich lösen, um eine andere Nadel einzusetzen.

3 – In die Stichplatte unter dem Nähfuß ist für das Nähen verschieden breiter Nähte eine abgestufte Führungslinie eingraviert. Wenn Sie sich beim Nähen an diese Orientierungslinien halten, wird die Naht perfekt gerade.

2 – Auf beiden Seiten des Lochs, durch das sich die Nadel bewegt, befinden sich zwei Schlitze, in denen der Ober- und der Untertransporteur ineinandergreifen. Letzterer befindet sich unter der Stichplatte. Mit einem speziellen Hebel lassen sich die Transporteure versenken, und der Stoff wird ausschließlich durch Ihre Hand geführt.

1 – Die Unterfadenspule befindet sich unter der Stichplatte. Eine kleine Klappe lässt sich nach außen öffnen, sodass die Unterfadenspule eingesetzt werden kann.

8 – Je nach Nähmaschinenmodell sind die Spulen senkrecht oder waagerecht angebracht. Der Spulenhalter hat zwei Funktionen: Er trägt die Garnrolle für den Oberfaden und dient zum Befüllen der Unterfadenspule.

9 – Vergessen Sie nicht, den Faden durch den Fadenführer zu fädeln, wenn Sie die Unterfadenspule aufspulen.

10 – Das Schwungrad dient dem Antrieb. Bei manchen Maschinen kann es per Hand betätigt werden, um den Nähvorgang zu beginnen oder zu beenden.

11 – Mit dem Regler kann die Stichlänge eingestellt werden.

12 – Mit dem Stichwähler stellen Sie die Näh- oder Stickstiche ein, darunter auch den Knopflochstich.

DER NÄHFUSS ODER DRÜCKERFUSS

Zum Zubehör einer Nähmaschine gehören mehrere Nähfüße, die je nach Stoffart, Stich und Ausführung verwendet werden. Um den Nähfuß zu wechseln, lösen Sie einfach die Schraube an der Nähfußstange oder den Fuß mittels Klickfunktion aus dem Halter. Hier sehen Sie die vier wichtigsten Nähfüße:

✻ 1 — **Universalfuß**

✻ 2 — **Reißverschlussfuß**

✻ 3 — **Ziernahtfuß**

✻ 4 — **Knopflochfuß**

1 – Der Universalfuß ist aus Metall oder transparent und enthält eine ovale Öffnung, die das Nähen im klassischen Stich wie auch im Zickzackstich mit seitlicher Nadelbewegung ermöglicht.
2 – Der Reißverschlussfuß ist dünn und schmal und speziell für das Einsetzen von Reißverschlüssen bestimmt. Je nachdem, auf welcher Seite das Stück ein- oder angesetzt wird, befindet er sich rechts oder links von der Nadel.

3 – Die Aussparung in der transparenten Plastiksohle oder in der Metallsohle lässt der Ziernaht genügend Platz.
4 – Zwei Aussparungen unter der Sohle sorgen dafür, dass der breite Nähfuß die Raupen nicht flachdrückt. Mit einem kleinen Lineal kann die Größe des Knopflochs eingestellt werden. Einige Maschinen verfügen über einen automatischen Knopflochfuß. Der Knopf wird in diesen Fuß eingespannt, und der Computer der Nähmaschine berechnet die Größe des Knopflochs automatisch.

DIE MASCHINENNADELN

Genäht werden muss mit einer für die Stoffdicke und das Garn passenden Nadel. Bei den meisten neuen elektronischen Nähmaschinen wird der Faden von vorne nach hinten eingefädelt. Bei den alten Modellen erfolgt das Einfädeln von rechts nach links. Es gibt folgende Nadeltypen:

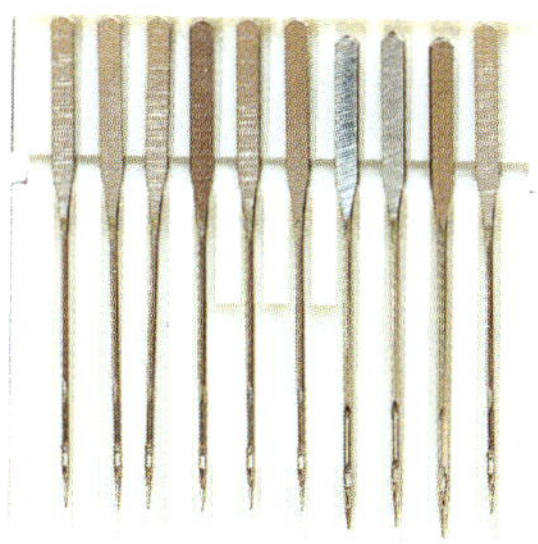

1 — Standardnadel

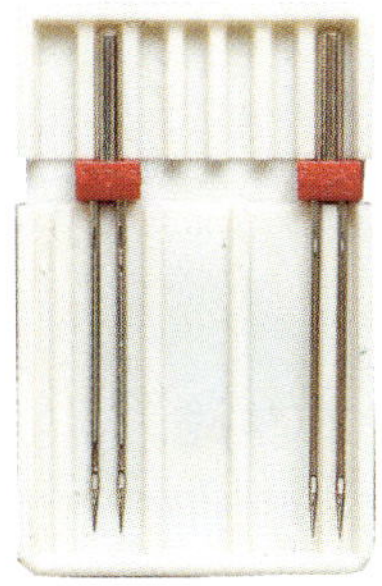

2 — Zwillingsnadel

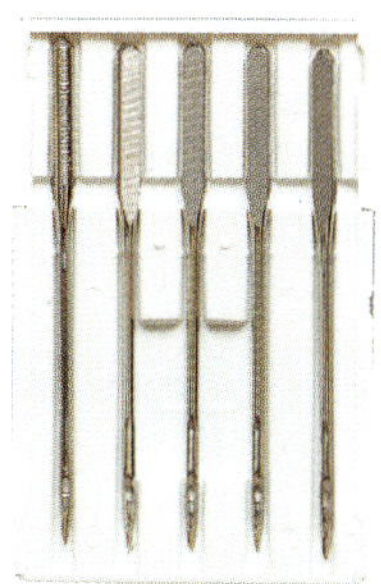

3 — Ledernadel

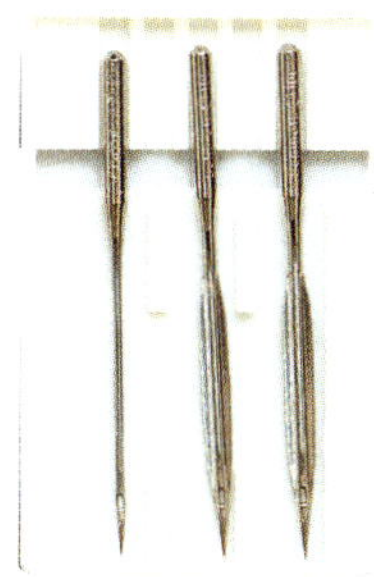

4 — Wing-Nadel

1 – Man wählt die Stärke der Nadel nach der Stoffdicke. Je dicker der Stoff, desto höher die Zahl der Nadel: Nr. 100 für Jeansstoff und fest gewebte Stoffe, Nr. 60 oder 70 für feine Baumwoll- oder Seidenstoffe, Nr. 80 für normal robuste Stoffe.
2 – Mit der Zwillingsnadel lassen sich doppelte Steppnähte, wie für Jeans, nähen. Hierzu benötigt man einen doppelten Garnrollenhalter, um mit zwei Oberfäden gleichzeitig arbeiten zu können.
3 – Diese Nadeln mit dreieckiger Spitze und Mittelrille durchstechen selbst Leder bis zu einer mittleren Stärke. Zum Nähen von Leder benötigt man dickes Garn, vorzugsweise Ledergarn, und die Stichlänge sollte auf mindestens 4 mm eingestellt werden, um zu verhindern, dass das Leder reißt.
4 – Die Wing-, Flügel- oder Hohlsaumnadel drückt den Stoff mit einem flügelartig verbreiterten Nadelschaft zur Seite, sodass kleine Öffnungen entstehen. So etwas ist sehr sehr hübsch für Hohlsaumnähte bei der Weißnäherei.

DIE MASCHINENSTICHE

Beim Maschinennähen reicht es, drei Grundstiche zu beherrschen – beziehungsweise vier, wenn man das Glück hat, eine Maschine zu besitzen, die einen unsichtbaren Saumstich (oder Blindstich) nähen kann. Wenn Sie folgende Stiche beherrschen, können Sie alles nähen:

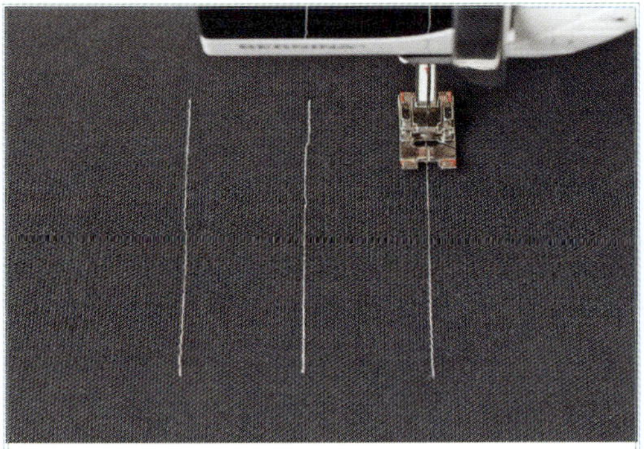

✻ 1 — Steppstich

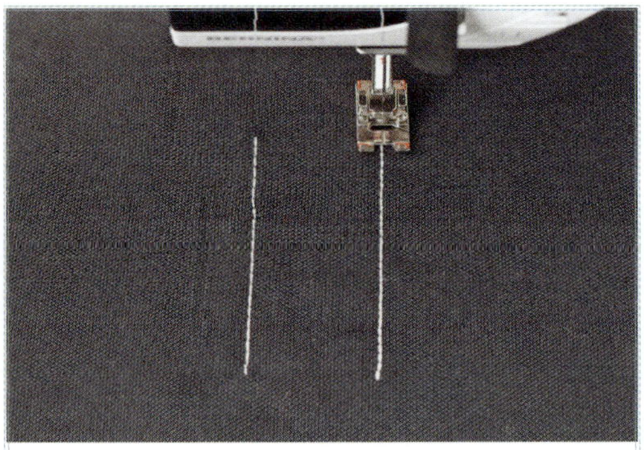

✻ 2 — Steppstich als Zierstich

1 – Der Steppstich ist der Grundstich jeder Nähmaschine und wird am häufigsten verwendet. In der Regel werden die Stoffstücke rechts auf rechts gelegt, sodass der Stich auf der Außenseite des Kleidungsstücks unsichtbar ist. Er soll völlig flach sein und den Stoff nicht zusammenziehen. Der Steppstich setzt sich je nach Stoffdicke aus mehr oder weniger langen Stichen zusammen. Begonnen und beendet wird die Naht mit einigen Rückwärtsstichen, sodass die Fäden einfach kurz über dem Stoff abgeschnitten werden können, ohne vernäht werden zu müssen.

2 – Dieser Zierstich leitet sich aus dem Steppstich ab, im Gegensatz zu diesem dient er jedoch nicht dem Zusammennähen zweier Stoffteile. Er wird immer auf der rechten Seite ausgeführt. Es ist nicht empfehlenswert, eine Ziernaht mit Rückwärtsstichen der Maschine zu beginnen oder zu beenden. Stattdessen beginnt man mit Steppen auf der Stelle mit Stichlänge null. Dann stellt man die gewünschte Stichlänge für die Ziernaht ein und steppt bis zum Nahtende. Beendet wird mit Steppen auf der Stelle mit Stichlänge null. Die Fäden sollten besser per Hand auf die linke Seite durchgezogen und ebenfalls per Hand mit einigen Stichen vernäht werden. Dieser Stich findet häufig Verwendung bei der Kapp- oder Jeansnaht.

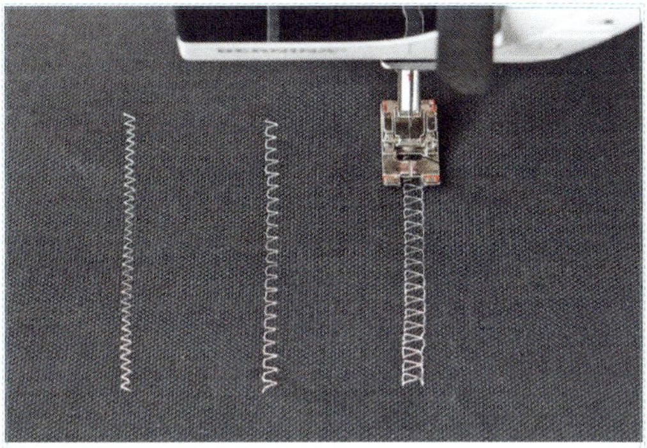

✻ 3 — **Überwendlicher Stich**

✻ 4 — **Blindstich (unsichtbarer Saumstich)**

3 – Es ist unerlässlich, die Kanten der Stoffteile mit dem überwendlichen Stich zu versäubern. Dies kann entweder vor oder nach dem Zusammennähen und Zurückschneiden der Nahtzugaben erfolgen. Dicke Stoffe benötigen einen langen überwendlichen Stich, leichte Stoffe einen kurzen. Die Maschine auf Zickzackstich einstellen, Breite und Länge des Stichs je nach Stoffdicke einstellen und nähen, wobei die Stoffkante in der Mitte des Nähfußes gehalten wird. Einige Nähmaschinen bieten mehrere überwendliche Sticharten an, beispielsweise für Jersey oder einen elastischen überwendlichen Stich für schräg zugeschnittene Stoffe.

4 – Mit dem Blindstich, der auch als unsichtbarer Saumstich bezeichnet wird, lassen sich alle Säume im Handumdrehen nähen. Die Stoffkante wird gefaltet wie eine Ziehharmonika auf links, sodass durch drei Stoffschichten genäht wird. Das zu säumende Teil wird unter den Nähfuß gelegt, wobei die Stoffkante nach rechts zeigt. Die Mitte dieses Zickzackstichs soll mit der Mitte des Nähfußes zusammenfallen, nur die Spitze des Blindstichs sticht in die Faltenkante. Die fertige Naht verschwindet auf der rechten Stoffseite fast vollständig, vor allem, wenn das verwendete Garn denselben Farbton hat wie der Stoff.

DIE HANDSTICHE

Bei einigen Etappen des Zusammennähens oder bei Versäuberungsarbeiten muss mit der Hand genäht werden; arbeiten Sie dabei immer mit passendem Garn und passender Nadel für den jeweiligen Stoff. Im Folgenden finden Sie die geläufigsten Grundstiche und wann sie angewendet werden.

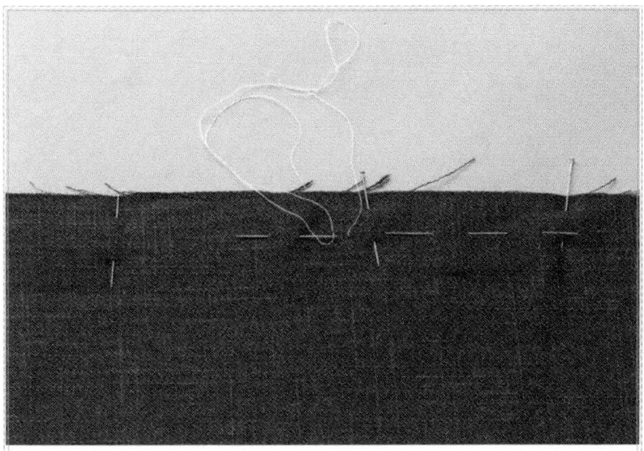

✻ 1 — **Heft- oder Vorstich**

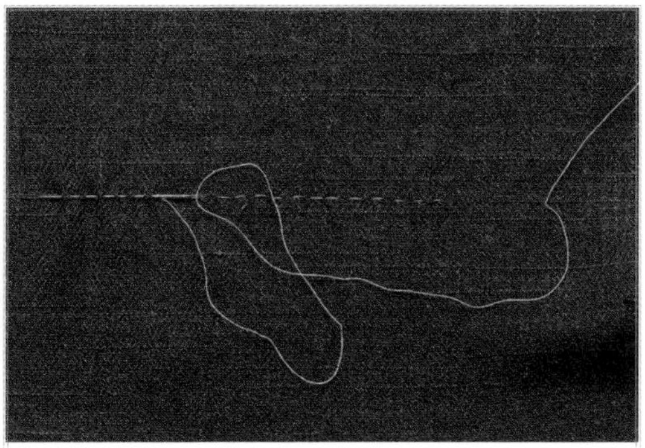

✻ 2 — **Kräuselstich**

1 – Den Heftstich, der verwendet wird, um die Stoffteile provisorisch zu fixieren, näht man von rechts nach links mit großen, 5–7 mm langen Stichen in gerader Linie. Hierzu benötigt man eine lange dünne Nadel. Die Stiche müssen nicht unbedingt gleich lang sein. In der linken Hand halten Sie die mit Stecknadeln zusammengesteckten Stoffteile und heften sie mit großen Vorstichen zusammen, wobei sie den Heftfaden alle 10 cm locker durchziehen.

2 – Mit einer neuen, dünnen und kurzen Nadel arbeiten und darauf achten, dass der Faden lang genug ist für die gesamte Länge, die gekräuselt werden soll. Gearbeitet wird von rechts nach links. Den zu kräuselnden Stoff in der linken Hand zwischen Daumen und Zeigefinger halten und die Nadel so in den Stoff stechen, dass gleichmäßige kleine Vorstiche entstehen. Die Nadel sticht auf der rechten Stoffseite aus und gleitet über den linken Daumennagel. Einige Stiche nähen, anschließend am Faden ziehen, damit sich der Stoff kräuselt.

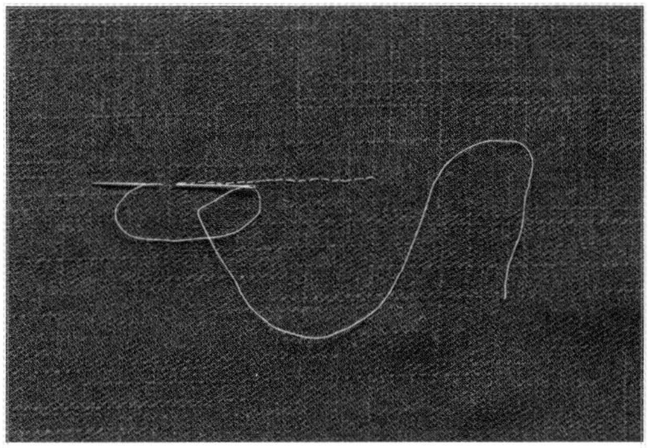

3 — Rückstich oder Steppstich

4 — Saumstich oder Gleitstich

3 – Mit diesem Stich werden zwei Stoffteile zusammengenäht. Er besteht aus gleichmäßigen, 2–3 mm langen Stichen wie der Steppstich der Nähmaschine. Man verwendet ihn für feste Nähte oder das Einsetzen von Reißverschlüssen. Der Rückstich wird von rechts nach links genäht. Die Nadel sticht von unten durch beide Stofflagen, 2 mm von der Stoffkante entfernt, nun 2 mm rechts von der Ausstichstelle von oben nach unten durch den Stoff stechen, dann die Nadel 2 mm vor der ersten Ausstichstelle ausstechen. Die Nadel herausziehen und wieder durch das Loch links von der ersten Ausstichstelle nach unten durch den Stoff stechen. Auf diese Weise die gesamte Naht nähen.

4 – Wie der Name schon sagt, wird er für Saumnähte verwendet, aber auch, um den Umschlag eines Schrägbands von links anzunähen. Er wird von rechts nach links ausgeführt, wobei der Saum oben liegt. Die Nadel rechts unter dem Saum einstechen, sie dann einige Millimeter nach links schieben und entweder durch alle Stofflagen oder nur in den Saumrand stechen. Mit dem Fingerhut die Nadel am Nadelöhr weiterschieben. Die Stiche sind unten lang und schräg, oben hingegen kurz und gerade.

DIE ZWÖLF GEBOTE FÜR DIE PERFEKTE SCHNEIDERIN

1 * Als Nähanfängerin wählen Sie ein Modell, das einfach zuzuschneiden und zu nähen ist. Ein kompliziertes Modell mag zwar hübsch sein, wenn es jedoch zu viele technische Probleme aufwirft, werden Sie schnell aufgeben und die Nähmaschine wird ganz hinten im Schrank verschwinden. Das wäre sehr schade!

2 * Machen Sie sich mit den Begriffen des Nähens und den Symbolen auf Schnittmustern vertraut, Sie werden sonst die Anleitungen nur schwer oder gar nicht verstehen.

3 * Lernen Sie, die Stoffvorder- von der Stoffrückseite zu unterscheiden, das gehört zum kleinen Einmaleins des Nähens. Beim Zusammenheften sind Sie sonst nicht in der Lage, die Markierungen an den Rändern der Stoffteile zu erkennen und diese korrekt aufeinanderzulegen. Das Ergebnis ist katastrophal.

4 * Beim Nähen gibt es immer eine Richtung. Um das Kleidungsstück nicht zu verderben, folgendermaßen vorgehen:

> 1 – Senkrechte Nähte bei einer Hose oder einem Rock werden immer vom Saum Richtung Bund genäht.
>
> 2 – Bei waagerechten Nähten, beispielsweise an den Schultern, wird von außen Richtung Halsausschnitt genäht.
>
> 3 – Beim Nähen eines Kragens oder eines Besatzes für den Halsausschnitt geht man in zwei Schritten vor. In der Mitte beginnen und zuerst eine Seite bis zum Rand nähen. Dann von der Mitte aus die andere Seite bis zum Rand nähen.

5 * Von Zeit zu Zeit sollten Sie den Staub entfernen, der sich im Unterfadenfach unter dem Transporteur sammelt. Das Unterfadenfach öffnen, die Unterfadenspule herausnehmen und das Fach sorgfältig bis in alle Ecken mit der kleinen Bürste entstauben, die zum Zubehör der Maschine gehört. Diese kleine Reinigungsarbeit ist besonders wichtig nach dem Nähen mit Velours, beschichtetem Stoff oder fusseligem Wollstoff.

6 * Wechseln Sie regelmäßig die Unterfadenspulen, vor allem solche aus Plastik. Durch die Spannung, der eine Unterfadenspule während des Aufspulens ausgesetzt ist, kann sie eine Unwucht bekommen. Ist das geschehen, gibt die Unterfadenspule, den Faden nicht mehr gleichmäßig ab, die Stiche erhalten keine richtige Spannung und werden ungleichmäßig.

7 * Stumpfe oder verbogene Maschinennadeln sind sofort zu ersetzen, sie würden sonst den Stoff beschädigen und/oder ungleichmäßige Stiche nähen.

8 * Vor Beginn einer neuen Näharbeit ein Muster nähen, um die Nähmaschine richtig einzustellen. Nehmen Sie sich Zeit, die passende Fadenspannung je nach Art und Zusammensetzung des Stoffes und der Stichart einzustellen.

9 * Den Transporteur nicht beschädigen und direkten Kontakt mit dem Metall der Sohle des Nähfußes vermeiden. Wenn die Maschine nicht genutzt wird, legen Sie am besten ein Stück Baumwollmolton zwischen Nähfuß und Transporteur. Nähen Sie am Ende einer Naht nicht weiter ins Leere und auch nicht über zu dicke Stecknadeln. Wenn der Transporteur den Stoff schlecht weiterschiebt, tauschen Sie ihn aus. Ihr Nähmaschinenhändler kann das für Sie erledigen.

10 * Beginnen und beenden Sie eine Naht mit einigen Rückstichen, damit Sie die Fäden nicht von Hand vernähen müssen. Beginnen Sie die Naht mit 5 oder 6 Vorwärtsstichen, drücken Sie dann auf die Rückwärtstaste. Der Transporteur bewegt sich daraufhin in die Gegenrichtung, und die Nadel näht erneut über die vorherigen Stiche – dann normal weiternähen. Die Naht ebenso beenden, um die letzten Stiche zu fixieren. Die Fäden am Anfang und Ende der Naht kurz über dem Stoff abschneiden.

11 * Beim Flachbügeln der Nahtzugaben kann bei bestimmten Stoffen, wie Satin, bedingt durch die Stoffdicke auf der Vorderseite des Stoffes ein Abdruck erscheinen. Um dies zu vermeiden, schneiden Sie 5 cm breite Streifen aus Packpapier zu und schieben diese Papierstreifen vor dem Bügeln zwischen den Stoff und die Nahtzugaben.

12 * Wenn eine Naht einer Rundung folgen oder einen rechten Winkel bilden soll, muss die Nähgeschwindigkeit auf die niedrigste Stufe reguliert werden. Nun den Stoff einfach unter dem Nähfuß führen, ohne zu drücken oder zu ziehen. Bei einem rechten Winkel die Maschine anhalten, die Nadelspitze im Stoff stecken lassen, den Nähfuß anheben und den Stoff um eine Viertelumdrehung drehen. Den Nähfuß wieder senken und die Naht fertig nähen.

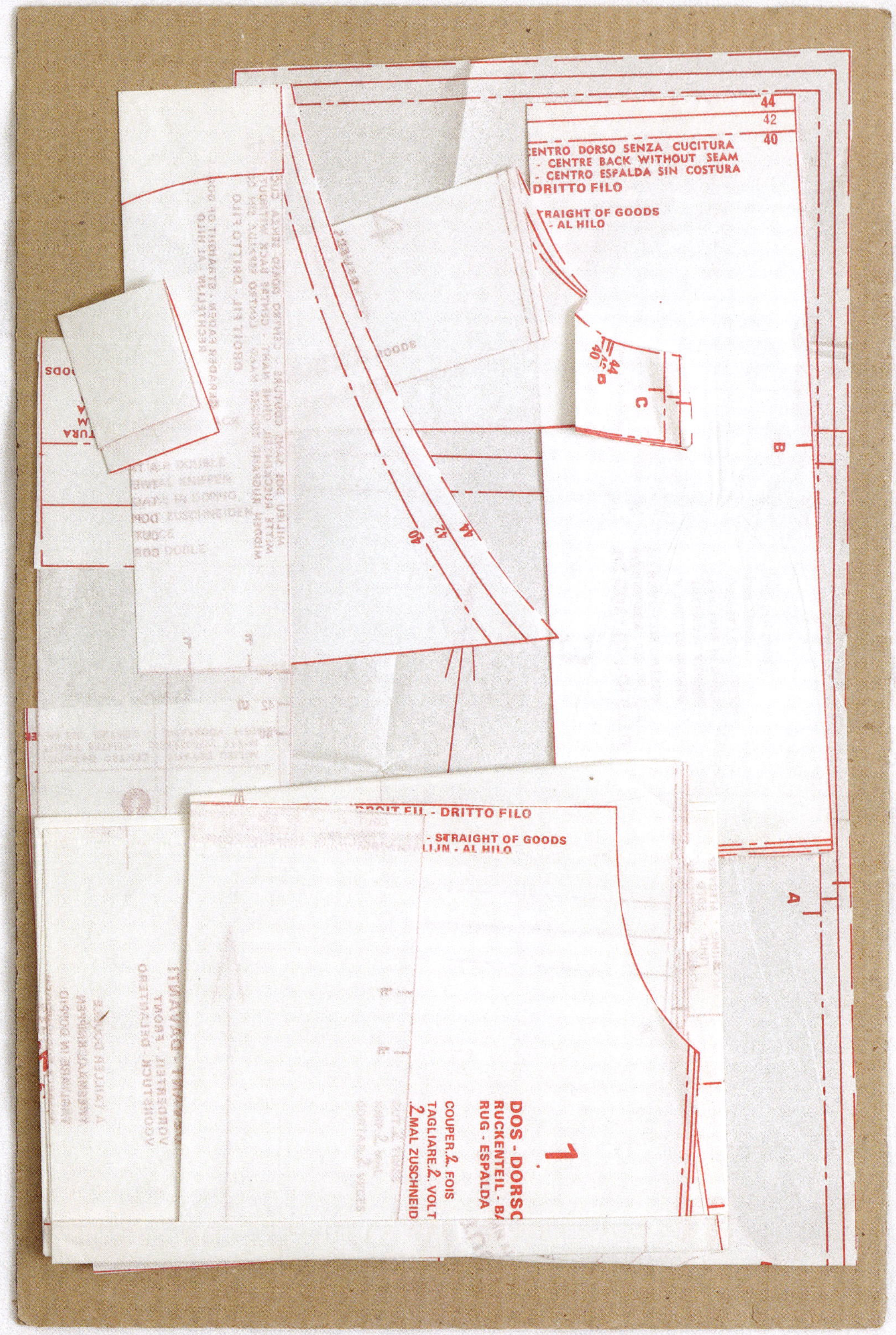
44
42
40
CENTRE BACK WITHOUT SEAM
CENTRO ESPALDA SIN COSTURA
DRITTO FILO
AL HILO
C
B
A
DRITTO FILO
STRAIGHT OF GOODS
AL HILO
1
RUG - ESPALDA
COUPER 2 FOIS
TAGLIARE 2 VOLT
2 MAL ZUSCHNEID

ALLES ÜBER DAS SCHNITTMUSTER

Bevor Sie beginnen, ein Modell zu nähen, machen Sie sich mit einigen unverzichtbaren Details eines Schnittmusters vertraut:
Jede Modellgröße wird durch eine anders gestaltete Linie auf dem Schnittmuster dargestellt (durchgezogen, punktiert, gestrichelt). Falls es in der Anleitung heißt „ohne Nahtzugabe“, müssen die Teile mit 1,5 cm Abstand zur Linie zugeschnitten werden. Die gedruckte Linie gibt in diesem Fall die Linie an, auf der die Teile zusammengesetzt werden, also die Naht. Einem Schnittmuster liegt eine chronologische, schrittweise Anleitung für das Zusammennähen der Teile bei.

LINIEN UND SYMBOLE

Das Schnittmuster wird mit durchgezogenen, punktierten und gestrichelten Linien dargestellt. Diese Linien entsprechen verschiedenen Größen. Die Symbole, die man auf jedem Teil wiederfindet, geben wichtige Informationen zum Nähen. Diese Symbole sind universell, man findet sie auf den meisten Schnittmustern.

Linien und Symbole in Schnittmustern

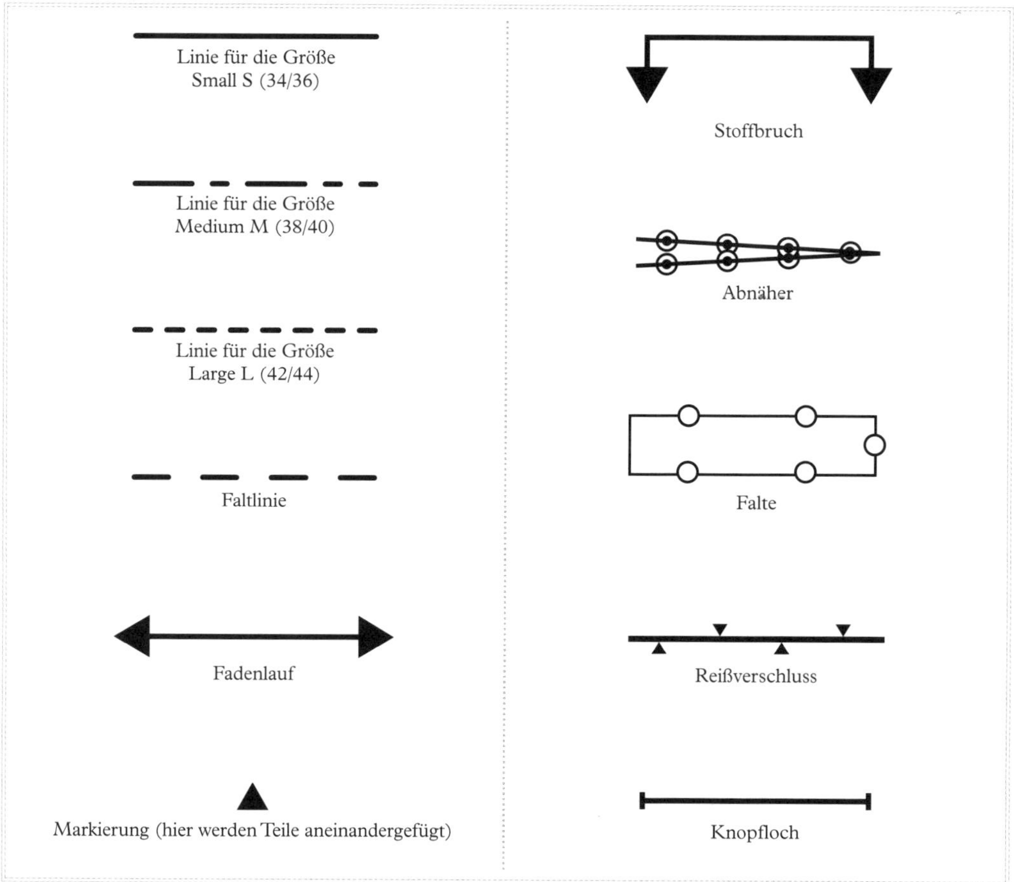

BEGRIFFE UND DEFINITIONEN

Um das Schnittmuster gut zuschneiden zu können, muss man wissen, wie der Stoff richtig verarbeitet wird. Die einfachsten Orientierungspunkte sind die Webkanten, die fester gewebten Stoffränder, welche die Stoffbreite säumen.
Hat man die Webkanten ausfindig gemacht, sind die parallel zu den Webkanten laufenden Kettfäden problemlos zu erkennen. Die Querfäden nennt man Schussfäden. Die einen wie die anderen können als Fadenlauf dienen, und es müssen alle Schnittmusterteile im Verhältnis zum Kett- oder Schussfaden in derselben Richtung auf den Stoff gelegt werden. Ränder eines Stoffs, der mit dem Fadenlauf zugeschnitten wurde, dehnen sich wenig aus.
Beim Schrägzuschneiden wird das Schnittmuster schräg auf den Stoff gelegt und zwar im Winkel von 45 Grad im Verhältnis zu Kett- und Schussfaden. Stoff, der schräg zugeschnitten wird, ist daher sehr dehnbar.

Die rechte Stoffseite ist die Vorderseite, auf der das Webmuster oder der Druck am deutlichsten zu sehen sind. Die Unterseite ist die Rückseite. Vorsicht, einige einfach gewebte Stoffe haben keine Vorder- oder Rückseite!

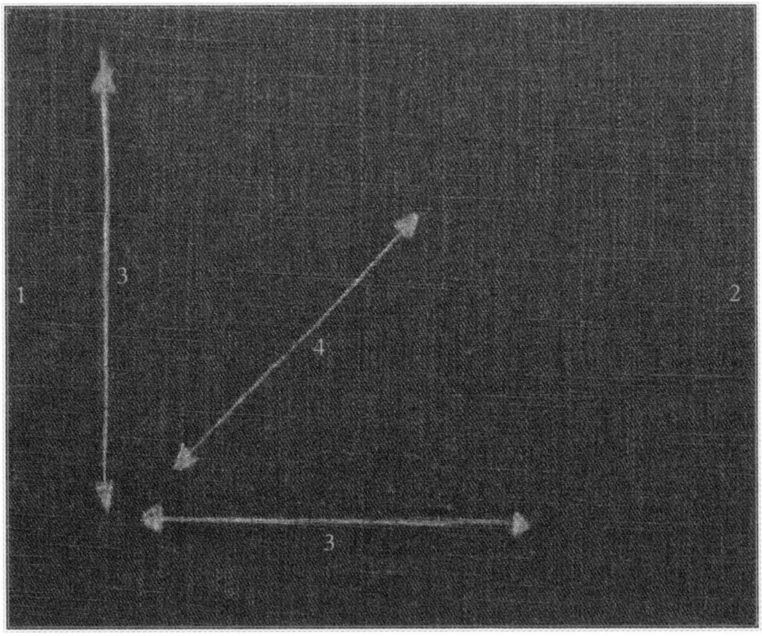

1 – Webkante (linker Rand)
2 – Webkante (rechter Rand)
3 – Fadenlauf
4 – schräg zum Fadenlauf

MASSNEHMEN

Um die passende Größe des Schnittmusters zu wählen, nehmen Sie zuerst einmal bei der Person Maß, für die Sie nähen. Vergleichen Sie die Maße mit der nebenstehenden Tabelle und wählen Sie die Größe, die den Maßen am nächsten kommt.

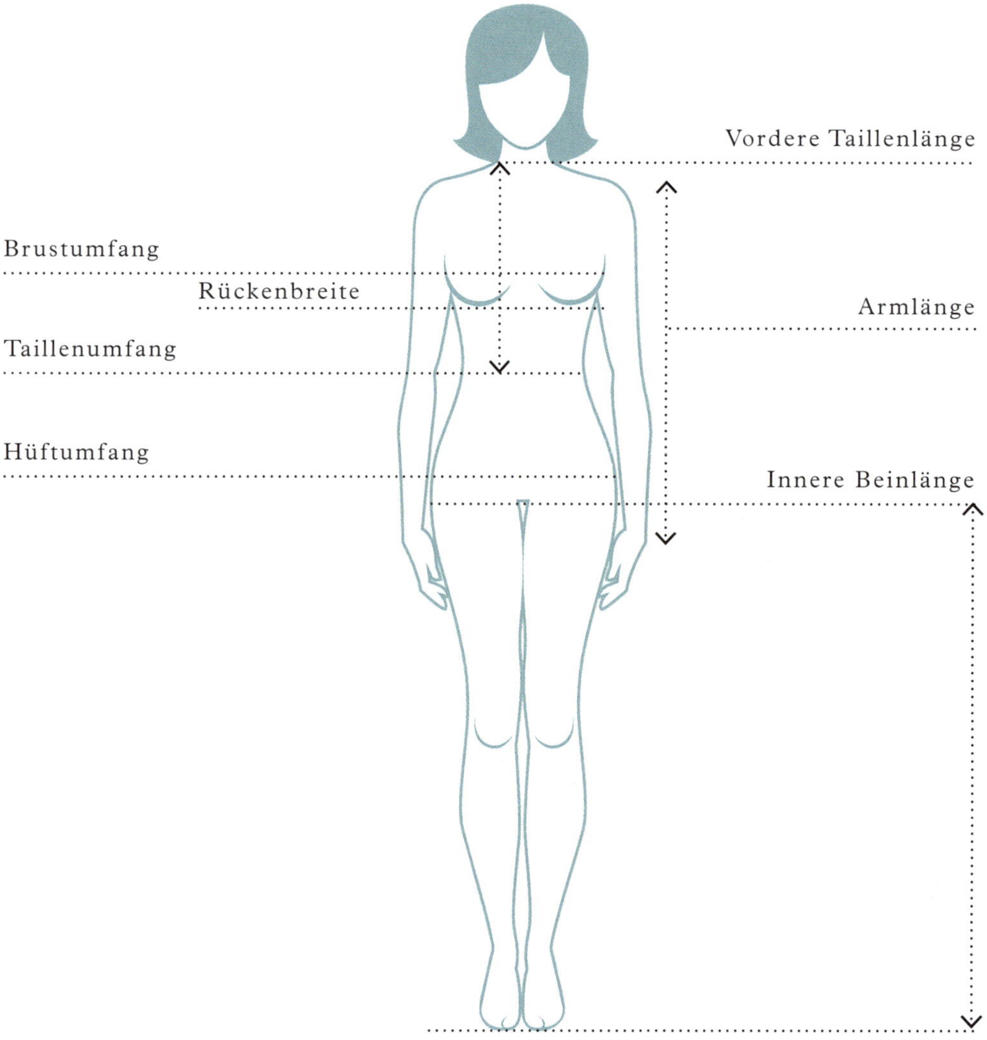

MASSTABELLEN

Small	Größe 34
Small	Größe 36
Medium	Größe 38
Medium	Größe 40
Large	Größe 42
Large	Größe 44

Konfektionsgröße	34	36	38	40	42	44
Körpergröße	160	162	165	165	168	168
Brustumfang	84	88	92	96	100	104
Taillenumfang	66	70	74	78	82	86
Hüftumfang	90	94	98	102	106	110
Ärmel-länge	59	60	60	61	61	61
Seitenlänge Hose	102	103	104	104	105	105

* Die Angaben in der Tabelle sind in cm angegeben.

SCHNITTMUSTER ÜBERTRAGEN

DAS SCHNITTMUSTER AUF RASTERPAPIER IN DIE ORIGINALGRÖSSE ÜBERTRAGEN

Die Schnittmuster einfacher Modelle sind in Form von Schemazeichnungen angegeben. Die Seitenlänge jedes Quadrats dieses Schemas entspricht 5 cm auf dem Rasterpapier. Man muss nur die Quadrate auf der Schemazeichnung abzählen und mit fünf multiplizieren, so erhält man die genauen Maße.

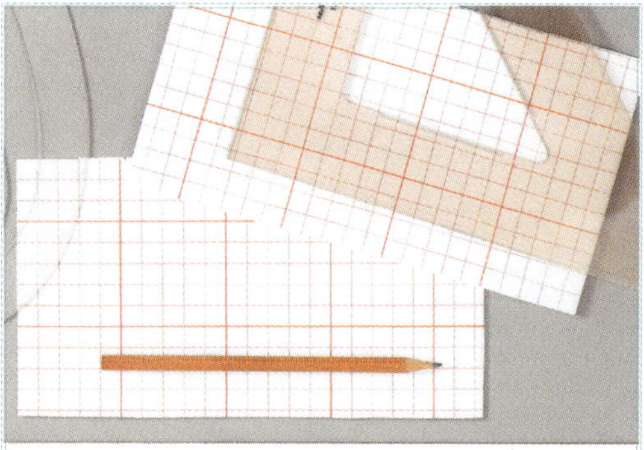

✻ 1

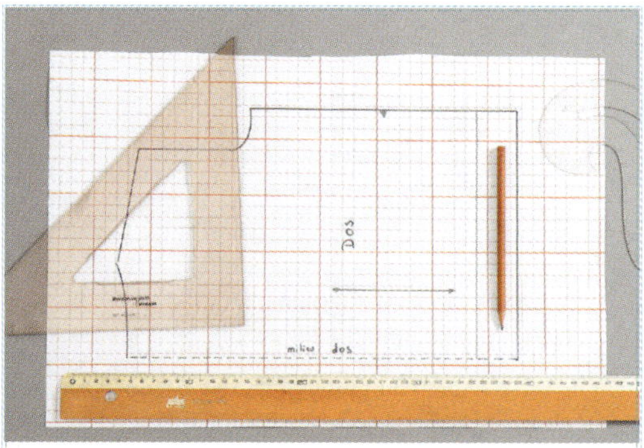

✻ 2

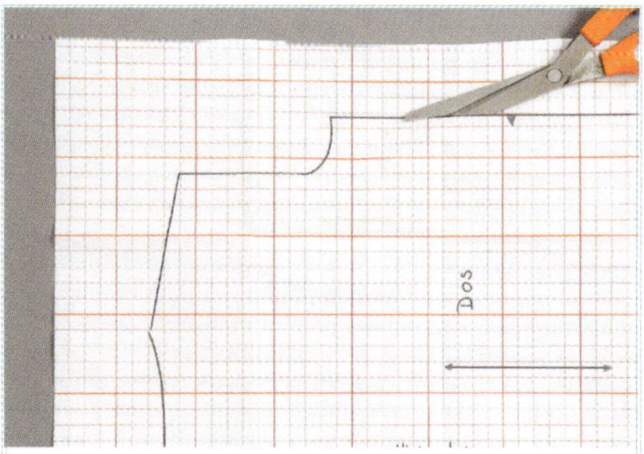

✻ 3

1 – Ein Rasterpapier mit Klebeband an den Ecken auf einem Tisch fixieren. Die Linie des Schnittmusters übertragen.
2 – Halten Sie sich an die Maßangaben und die angegebene Anzahl Quadrate. Nicht vergessen, auch die Markierungen, die Bezeichnung des Teils oder seine Nummer, den Fadenlauf und gegebenenfalls Abnäher oder Falten mit zu übertragen.
3 – Die Teile am Außenrand der Linie entlang zuschneiden.

HINWEIS:
Für die leichtere Lesbarkeit wurden die Maße der Zwischengröße (M) angegeben. Zur besseren Orientierung wird jede Größe, also Small (34/36), Medium (38/40) und Large (42/44), anders angegeben.

DAS SCHNITTMUSTER AUF SEIDENPAPIER IN DIE ORIGINALGRÖSSE ÜBERTRAGEN

Komplizierte Modelle sind in Originalgröße auf den Schnittmusterbögen zu finden. Dort die Teile suchen, die durchgepaust werden sollen. Auf dem Zuschneideplan wird die Referenznummer der Teile angegeben. Die Linien der Teile auf einem Blatt Seidenpapier nachfahren.

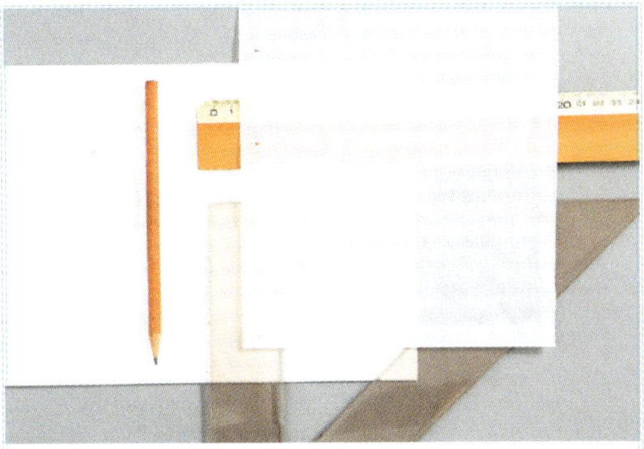

✻ 1

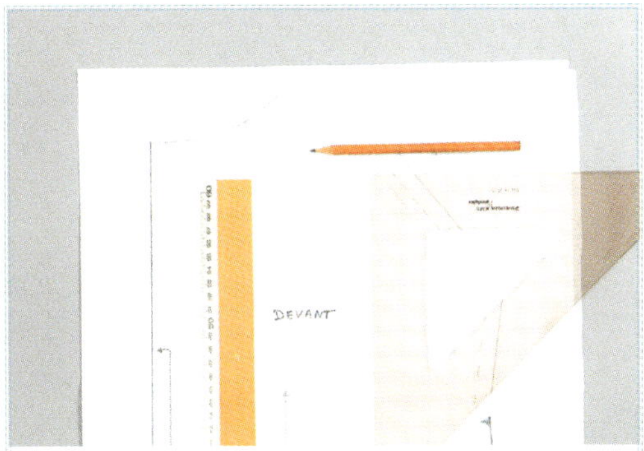

✻ 2

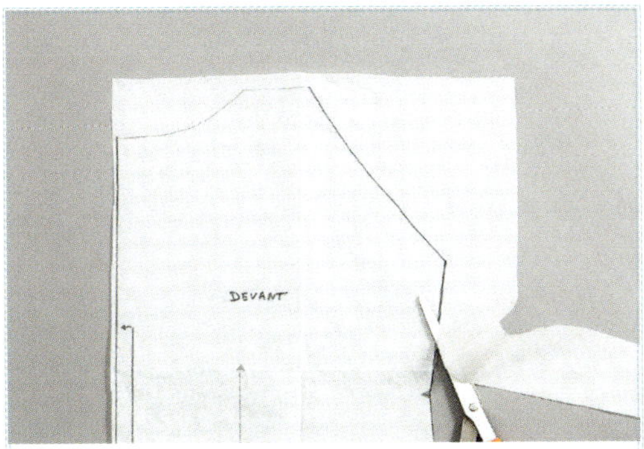

✻ 3

1 – Die gewünschte Größe auf dem Schnittmuster mit einem Textmarker nachfahren, damit die Linie gut sichtbar ist. Das Seidenpapier auf das Schnittmuster legen und an den Rändern mit Klebestreifen fixieren.
2 – Die Linie mit Lineal und Bleistift nachfahren. Für Rundungen das Kurvenlineal nehmen. Alle Markierungen sowie die Namen der Teile mit übertragen.
3 – Die Teile entlang der Linie ausschneiden, dabei darauf achten, dass das Seidenpapier nicht einreißt.

TIPP:
Bevor Sie die Teile des Schnittmusters abpausen, falten Sie das Seidenpapier auseinander und bügeln es ohne Dampf mit der Einstellung „Seide“, damit es völlig glatt ist.

VOM ZUSCHNEIDEPLAN AUF DEN STOFF

EINEN ZUSCHNEIDEPLAN LESEN

Als Anleitung für das Zuschneiden und um den Stoff optimal zu nutzen, wird ein Zuschneideplan für die Größen Small, Medium und Large für eine Stoffbreite von 110 cm geliefert. In der Regel ist der Stoff in der Mitte rechts auf rechts gefaltet, die Webkanten liegen übereinander.

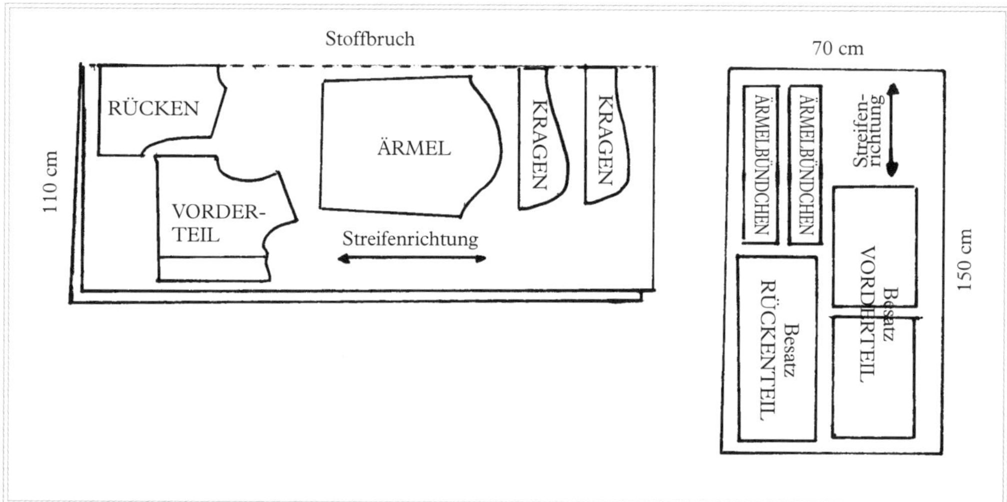

Die Schnittmusterteile entsprechend den Richtungs- und Positionsangaben des Zuschneideplans auf den Stoff legen. Zwischen den einzelnen Teilen mindestens 3 cm Stoff für die Nahtzugaben frei lassen.
Darauf achten, die Schnittmusterteile entsprechend dem Fadenlauf oder schräg aufzulegen, je nach Pfeilrichtung.
Die Schnittmusterteile, auf denen „Bruch" steht, entlang dem Stoffbruch legen. Durch diesen Trick erhält man ein komplettes Teil, während das Schnittmuster nur das halbe Teil darstellt. Diese Teile werden zuerst auf den Stoff gelegt, anschließend die übrigen Teile passend anordnen.
Bei Stoffen mit Muster- oder Strichrichtung – Velours, Druckstoff, Webpelz etc. – überprüfen, dass alle Teile in der auf dem Schnittplan angegebenen Richtung liegen. Bei diesen Stoffen muss eine etwas größere Stoffmenge vorgesehen werden. Da man sich nach dem Rapport richten muss – der Musterverlauf bzw. die Strichrichtung müssen mitberücksichtigt werden –, gibt es mehr Reste.
Muss ein Teil nur einmal zugeschnitten werden, gesondert vorgehen. Es wird auf den aufgefalteten Stoff, also auf nur eine Stofflage gezeichnet.

DAS ÜBERTRAGEN DES SCHNITTMUSTERS AUF DEN STOFF

Bevor Sie mit dem Übertragen beginnen, bügeln Sie den Stoff, damit er vor dem Zuschneiden keine Falten aufweist, und falten ihn anschließend der Länge nach, rechts auf rechts, Webkante auf Webkante.

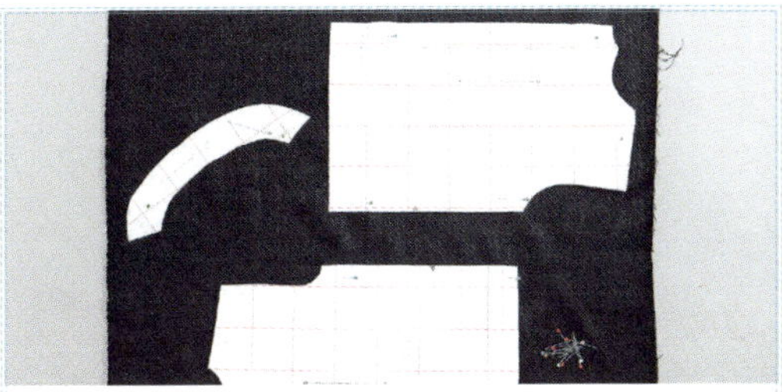

✻ 1

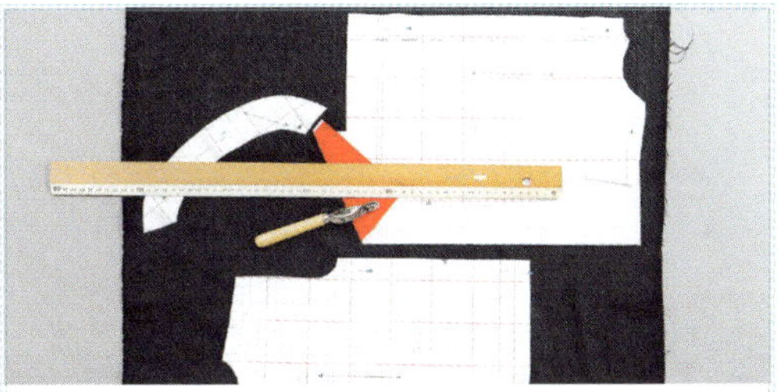

✻ 2

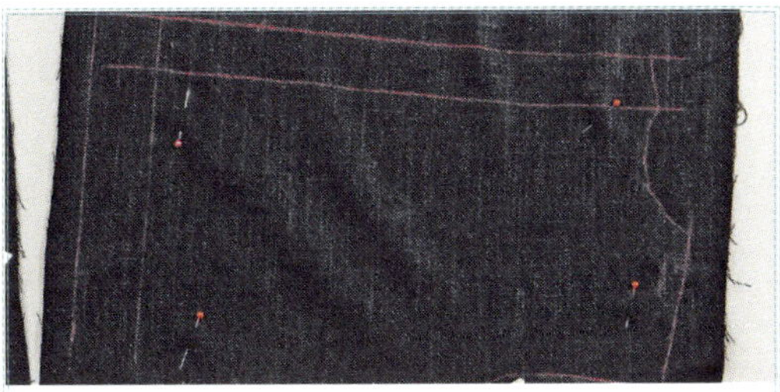

✻ 3

✻ 4

1 – Darauf achten, dass der auf den Schnittmusterteilen angegebene Fadenlauf genau parallel zum Fadenlauf des Stoffs liegt. Bei Karostoffen überprüfen, dass die waagerechten und senkrechten Streifen in der Breite wie auch in der Länge übereinstimmen. Das Schnittmusterpapier und den Stoff zusammenstecken, wenn der Stoff doppelt liegt, beide Stoffschichten nehmen.
2 – Die Umrisse der Teile mit Schneiderkreide nachfahren. Nicht vergessen, auch die Markierungen vom Schnittmuster zu übertragen: Abnäher, Markierungen, Säume, Besatzlinien etc.
3 – Die Teile mit 1,5 cm Abstand von der Linie zuschneiden, soweit in der Anleitung nicht anderes angegeben.
4 – Sobald die Teile zugeschnitten sind, die Stecknadeln entfernen und die in der Mitte gefalteten Teile auffalten. Die Schnittmuster auf die noch nicht aufgezeichneten Teile auf der Unterseite legen, mit Stecknadeln feststecken, dann die zweite Hälfte der Teile nachzeichnen. Anschließend mit der Spitze der Schere die Markierungen auf die Umrisse der Teile übertragen, indem dort jeweils ein kleiner Einschnitt gemacht wird.

KAPITEL 1

DIE VERSCHIEDENEN ARTEN DES ZUSAMMENNÄHENS

KAPITEL 1

Lektion 1

DIE EINFACHE NAHT

LEKTION 1

DIE EINFACHE NAHT*

Aufgabe: Nähen eines Wickelrocks

Schemazeichnung und Zuschnittplan → Seite 52 • Nähen → Seite 53

MATERIAL

graumelierter Wollstoff, 180 x 110 cm breit
2 m gestreiftes Ripsband, 2,5 cm breit
farblich abgestimmtes Nähgarn
Stecknadeln
Stoffschere
farbiges Kohlepapier
Rasterpapier, Quadrate mit 5 cm Seitenlänge
Kopierrädchen
Lineal

GRÖSSEN

S = 34/36
M = 38/40
L = 42/44

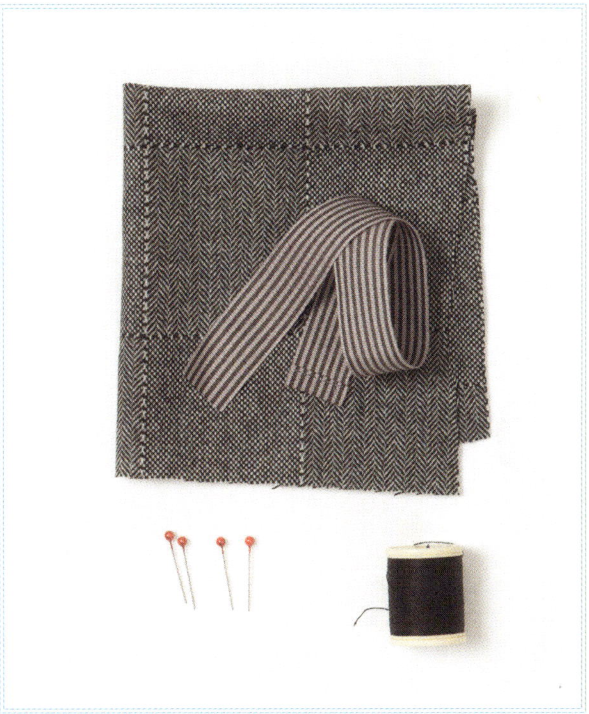

* Dies ist die Grundnaht, die beim Nähen am geläufigsten ist. Dabei werden zwei Teile mit einer Maschinennaht oder per Hand zusammengenäht. Anschließend werden die Nahtzugaben flach auseinandergebügelt.

WICKEL-ROCK

1 / Aufzeichnen

Das Schnittmuster von der Schemazeichnung auf ein Rasterpapier mit Quadraten von 5 cm Seitenlänge übertragen, anschließend die Markierungen übertragen. Nun die verschiedenen Teile zuschneiden.

2 / Zuschneiden

Den Stoff in der Mitte falten und die Schnittmusterteile unter Berücksichtigung des Fadenlaufs auf den Stoff legen. Die Umrisse der Teile mit Kohlepapier, Kopierrädchen und Lineal übertragen. Auf der Linie schneiden. Die Ränder der Teile versäubern.

Schemazeichnung

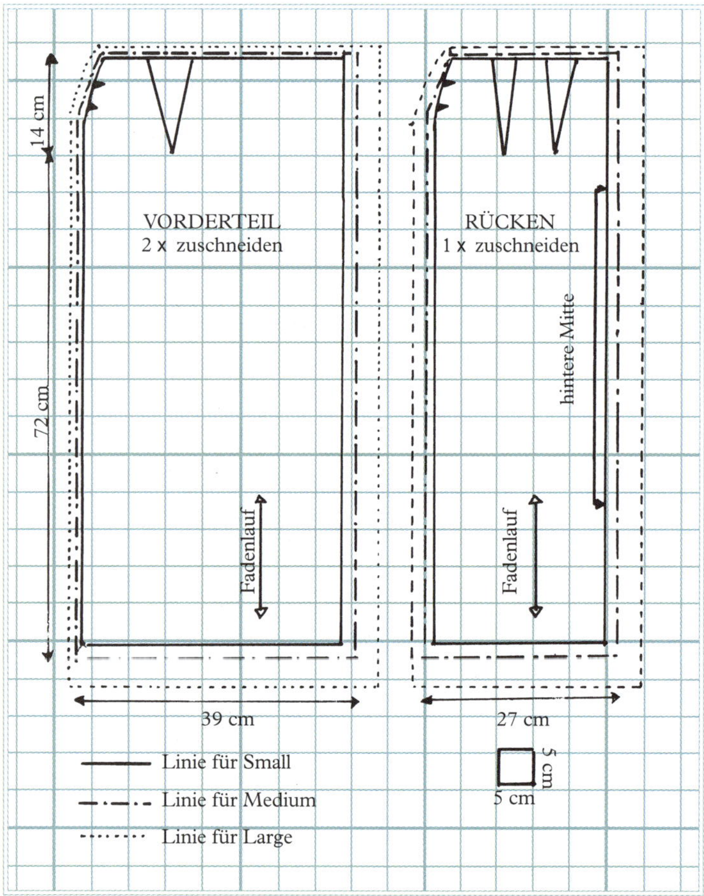

Zuschneideplan

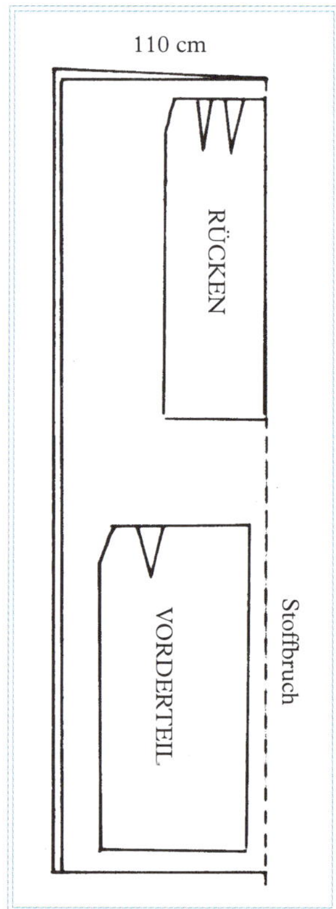

3/Nähen

Zuerst die Abnäher, dann die Seiten nähen und den Rand beider Seiten umschlagen. Anschließend den Bund annähen und zum Schluss den Rock unten säumen.

1 Bei Vorder- und Rückenteil von links die Abnäher falten, hierzu die gezeichneten Linien übereinanderlegen. Abstecken.

2 Die Abnäher auf der Linie nähen. Den überschüssigen Stoff mit dem Bügeleisen Richtung Seitennaht bügeln.

3 Linkes Vorder- und Rückenteil genau rechts auf rechts legen. Abstecken. 1,5 cm vom Rand entfernt eine einfache Naht nähen.

4 Auf der Nahtlinie des rechten Vorderteils von unten beginnend nähen, zwischen den beiden Markierungen die Naht offen lassen. Die Naht hinter der Öffnung bis zum Rockbund fertig nähen. Die Nahtzugaben auseinanderbügeln.

5 Mit dem Bügeleisen den Außenrand der Vorderteile zweimal umschlagen. Der erste Umschlag ist 1 cm breit, der zweite 1,5 cm. 1 cm vom Rand nähen.

6 Für den Bund mit dem Bügeleisen einen 2 cm hohen Umschlag nach links bügeln. Diesen Umschlag heften.

7 Das Ripsband in der Mitte falten und diese Mitte in der rückwärtigen Mitte des Bundes feststecken. Das Ripsband nun flach mit Stecknadeln an dem nach innen gefalteten Bund befestigen.

8 Anschließend das Ripsband 3 mm vom oberen Rand entfernt annähen.

9 Für den unteren Saum den unteren Rand mit dem Bügeleisen zweimal nach links umbügeln, der erste Umschlag ist 1,5 cm breit, der zweite 2 cm. Den Saum 1,5 cm vom Rand entfernt nähen.

KAPITEL 1

Lektion 2

DIE FLACHNAHT

LEKTION 2

DIE FLACHNAHT*

Aufgabe: Nähen einer Jacke

Schemazeichnung und Zuschneideplan → Seite 56 • Nähen → Seite 57

MATERIAL

karierter Wollstoff, 170 x 140 cm breit

passendes Nähgarn

Stecknadeln

Stoffschere

farbiges Kohlepapier

Rasterpapier, Quadrate mit 5 cm Seitenlänge

Kopierrädchen

Lineal

GRÖSSEN

S = 34/36

M = 38/40

L = 42/44

* Die Flachnaht wird auch als Kappnaht bezeichnet. Sie ist eine solide Naht, die in der Regel für Jacken oder Mäntel verwendet wird. Sie wird in zwei Schritten genäht und zeigt zwei Stichreihen.

1/Aufzeichnen

Das Schnittmuster von der Schemazeichnung auf ein Rasterpapier mit Quadraten von 5 cm Seitenlänge übertragen, anschließend die Markierungen übertragen. Nun die verschiedenen Teile zuschneiden.

2/Zuschneiden

Den Stoff in der Mitte falten und die Schnittmusterteile unter Berücksichtigung des Fadenlaufs auf den Stoff legen. Die Vorderteile direkt an die Webkante legen. Die Umrisse der Teile mit Kohlepapier, Kopierrädchen und Lineal aufzeichnen. Auf der Linie zuschneiden.

Schemazeichnung

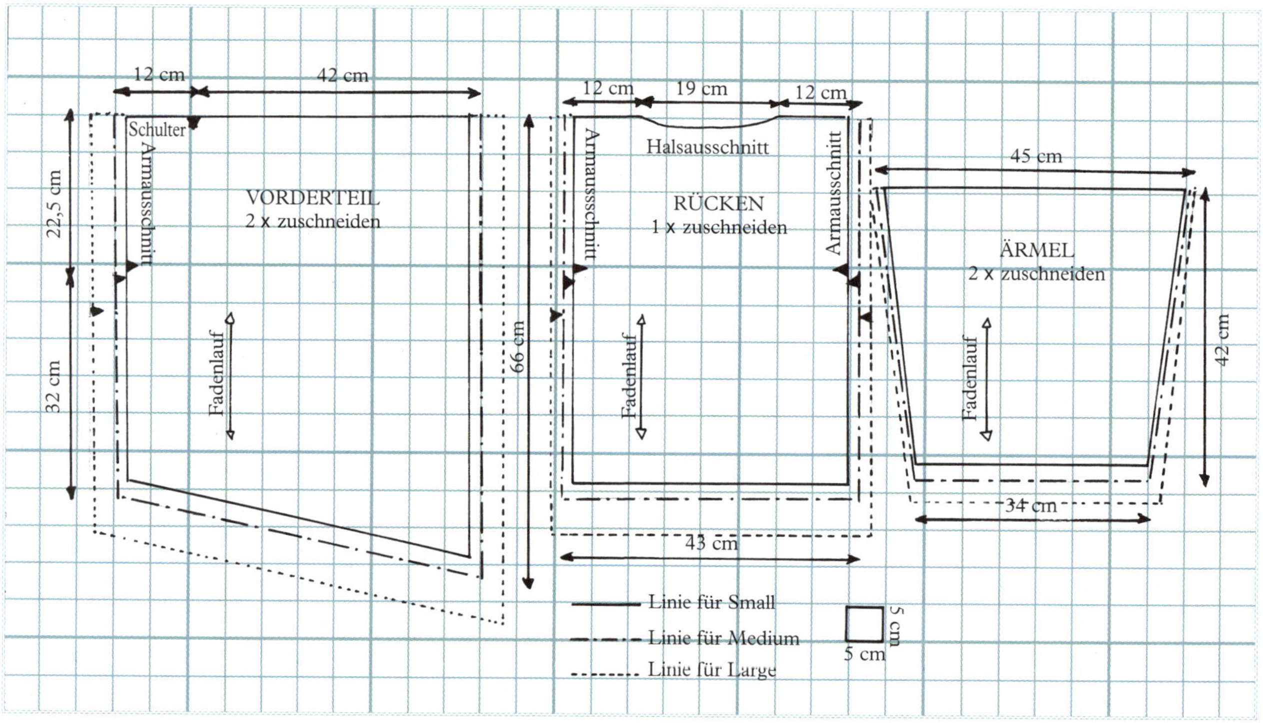

Zuschneideplan

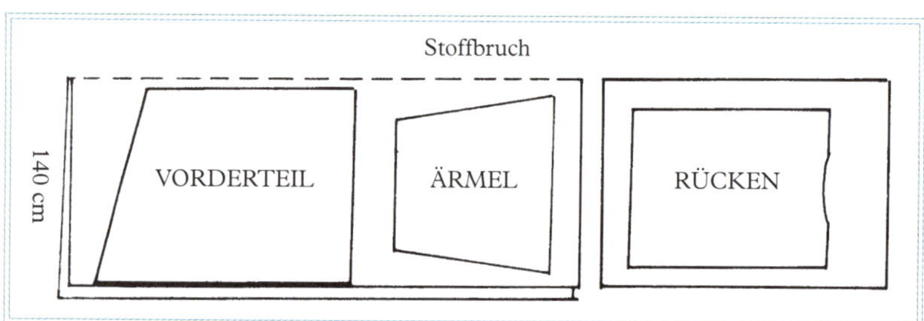

3/Nähen

Zuerst Rücken und Vorderteile an Schultern und Seiten mit Flachnähten zusammennähen. Anschließend die Ärmel einsetzen und den Halsausschnitt nähen. Zum Schluss unten an den Ärmeln und am unteren Rand der Jacke einen Saum nähen.

1 Den Stoff rechts auf rechts legen, Vorderteile und Rücken an den Schultern und Seiten zusammenstecken.

2 Diese Nähte mit Kappnähten nähen. 1,5 cm vom Rand eine einfache Naht nähen. Die Nahtzugabe auf einer Seite 6 mm vom Rand abschneiden.

3 Mit dem Bügeleisen die breitere Nahtzugabe über die zurückgeschnittene Nahtzugabe bügeln. Den breiteren Rand 4 mm nach innen umschlagen.

4 Mit Stecknadeln feststecken, dann so nah wie möglich an der umgeschlagenen Nahtzugabe entlangnähen. Diese Naht muss gleichmäßig sein und überall dieselbe Breite haben.

5 Die Ärmel längs in der Mitte falten, um die untere Ärmelnaht zu nähen. Der Stoff liegt rechts auf rechts. Mit einer einfachen Naht nähen. Die Nahtzugaben auseinanderbügeln.

6 Immer noch von links die Ärmel mit Stecknadeln in den Armlöchern feststecken. Die obere Ärmelmitte liegt auf Höhe der Schulternaht. Mit einer einfachen Naht nähen.

7 Die Nahtzugaben mit dem Bügeleisen auseinanderbügeln, anschließend die Ränder der Nahtzugaben an Ärmeln und Armausschnitten mit dem Zickzackstich versäubern.

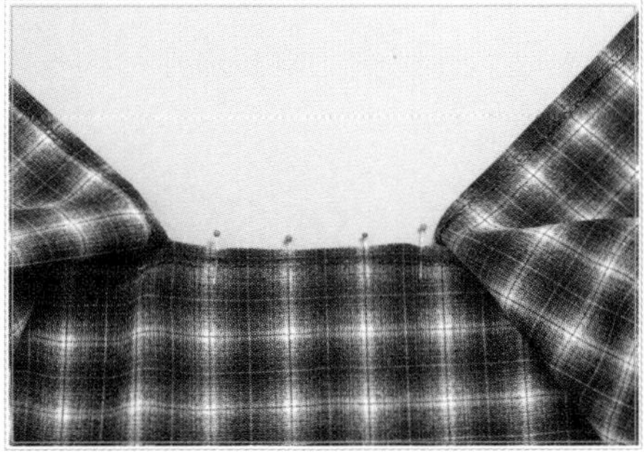

8 Den Halsausschnitt an Vorder- und Rückenteilen versäubern, ebenso die unteren Ränder von Jacke und Ärmeln. Am Halsausschnitt mit dem Bügeleisen einen 1 cm breiten Umschlag bügeln. 5 mm vom Rand festnähen.

9 Für den Saum der Jacke und der Ärmel mit dem Bügeleisen einen 1,5 cm breiten Umschlag bügeln. 5 mm vom Rand festnähen.

KAPITEL 1

Lektion 3

DIE ENGLISCHE NAHT

LEKTION 3

DIE ENGLISCHE NAHT*

Aufgabe: Nähen einer Tunika

Schemazeichnung und Zuschneideplan → Seite 60 • Nähen → Seite 61 und 62

MATERIAL

Baumwollvoile in Schieferblau,
210 x 140 cm breit (S), 230 x 140 cm breit (M),
250 x 140 cm breit (L)

1 m Liberty-Schrägband, 1,5 cm breit

passendes Nähgarn

Stecknadeln

Stoffschere

Rasterpapier, Quadrate mit 5 cm Seitenlänge

Schneiderkreide

GRÖSSEN

S = 34/36

M = 38/40

L = 42/44

* Bei der englischen Naht ist auf der Rückseite des Kleidungsstücks entlang der Nähte eine Falte zu sehen. Die Stoffränder befinden sich innerhalb der englischen Naht. Diese Naht sieht sauber und flach aus und franst nicht aus.

TUNIKA

1/Aufzeichnen

Das Schnittmuster von der Schemazeichnung auf ein Rasterpapier mit Quadraten von 5 cm Seitenlänge übertragen, anschließend die Markierungen übertragen. Nun die verschiedenen Teile zuschneiden.

2/Zuschneiden

Den Stoff der Länge nach in der Mitte falten. Die Teile entsprechend dem Zuschneideplan auf den Stoff legen. Die Mitte des Rückenteils liegt auf dem Stoffbruch, der Rand des Vorderteils ist 3,5 cm von der Stoffkante entfernt. Die Teile auf der Schnittlinie zuschneiden. Bei den Vorderteilen wie bei Rücken und Ärmeln verfahren, nur bei der vorderen Mitte die Stoffzugabe zwischen der Schnittlinie und der Stoffkante stehen lassen.

Schemazeichnung

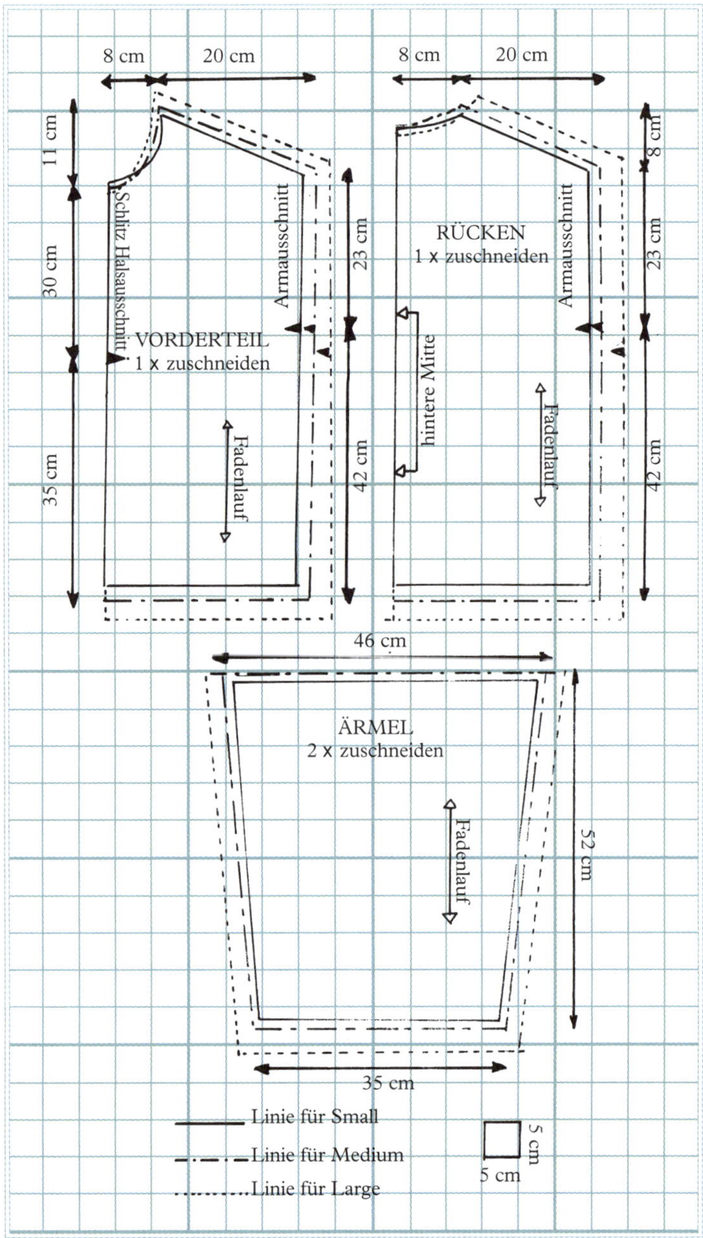

Zuschneideplan

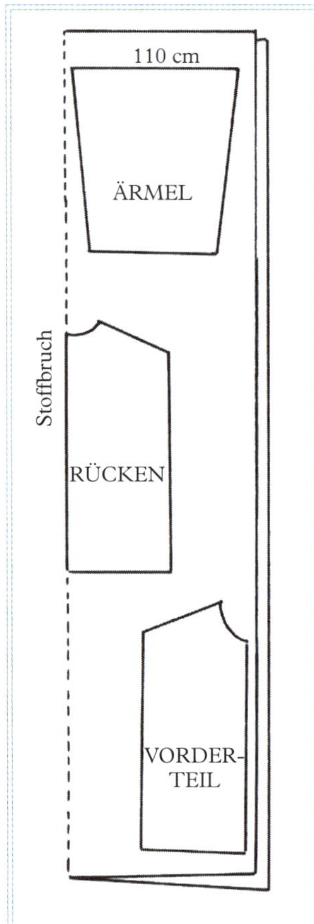

3 / Nähen

Zuerst die beiden Vorderteile zusammennähen. Anschließend Vorder- und Rückenteil an den Schultern mit einer englischen Naht zusammennähen. Nun die Ärmel in die flach ausgebreiteten Vorder- und Rückenteile nähen. Anschließend die Seitennähte und die unteren Ärmelnähte nähen, alles mit englischen Nähten.

1 Die beiden Vorderteile rechts auf rechts aufeinanderlegen. Entlang der vorderen Mitte abstecken. Unten beginnend auf der Linie bis 20 cm unter dem Halsausschnitt nähen.

2 Die Nahtzugaben auseinanderbügeln. Auf der Vorderseite der Teile mit 1 cm Abstand beiderseits der Mittelnaht steppen.

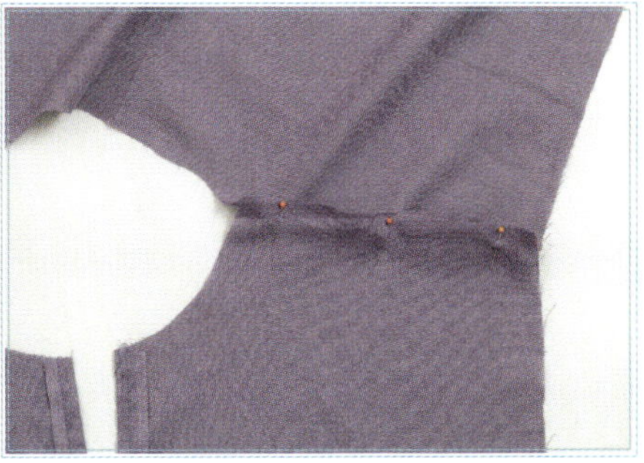

3 Die Schultern des Rückenteils an die Schulterlinie der Vorderteile legen.

4 Erste Etappe der englischen Naht: Die Teile links auf links übereinanderlegen, Sie sehen die Vorderseite des Stoffs. Abstecken und 1 cm vom Rand absteppen.

5 Überstehenden Stoff 3 mm von der Naht entfernt wegschneiden. Die Naht bügeln, hierbei den überstehenden Stoff auf einer Seite flach bügeln.

6 Zweite Etappe der englischen Naht: Die Teile wenden, also von links weiterarbeiten und hier 5 mm von der Kante entfernt absteppen.

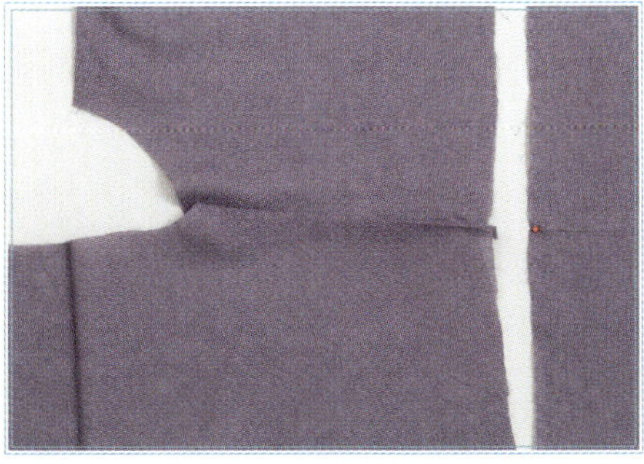

7 Vorder- und Rückenteile flach auffalten. Die Ärmel senkrecht dazu legen, die obere Mitte auf Höhe der Schulternähte.

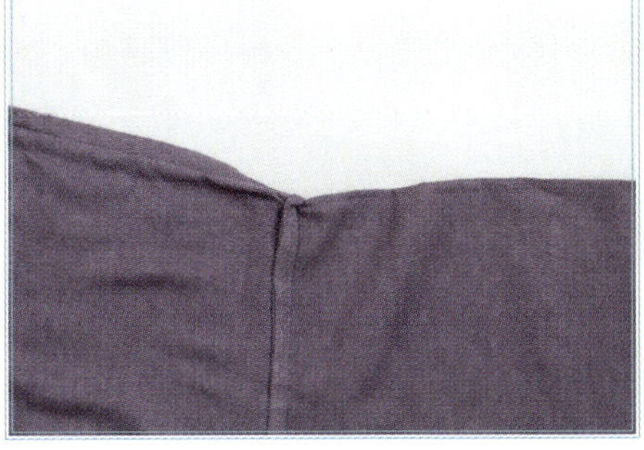

8 Die Ärmel mit einer englischen Naht annähen. Die Teile links auf links legen und wie bei den Schritten 4 bis 6 verfahren.

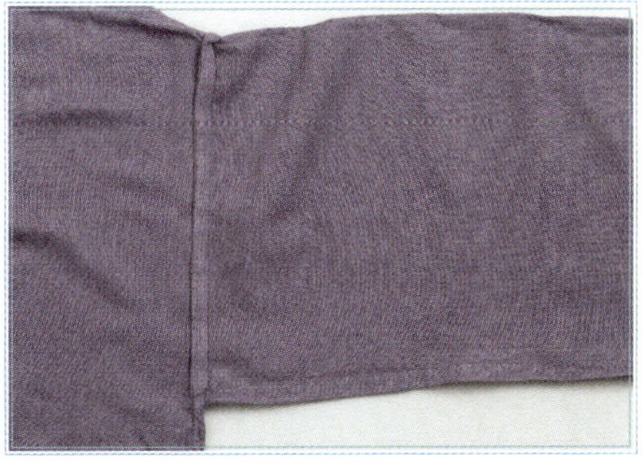

9 Die unteren Ärmelnähte und die Seiten der Tunika ebenfalls mit englischen Nähten verbinden, dabei verfahren wie bei den Schritten 4 bis 6.

4/Fertigstellen

Die Tunika unten und an den Ärmeln säumen. Zum Schluss das Schrägband um den Halsausschnitt nähen.

10 Für den Saum unten an der Tunika mit dem Bügeleisen einen doppelten Umschlag bügeln, den ersten 1 cm breit, den zweiten 1,5 cm breit. 1 cm vom Rand absteppen.

11 Für den Saum unten an den Ärmeln mit dem Bügeleisen einen doppelten Umschlag bügeln, den ersten 1 cm breit, den zweiten 5 cm breit. 4 cm vom Rand absteppen.

12 Die Mitte des Schrägbands auf die hintere Mitte des Halsausschnitts legen. Das Schrägband aufklappen und den Rand am Halsausschnitt feststecken. Die Außenseite des Schrägbands liegt dabei auf der Innenseite des Halsausschnitts.

13 Das Schrägband in seiner ersten Falte absteppen.

14 Mit der Spitze des Bügeleisens das Schrägband auf die Vorderseite der Tunika umbügeln.

15 Das Schrägband 2 mm von seinem Rand entfernt auf der gesamten Länge absteppen.

KLEINE TIPPS

Das Nähen mit feinen und transparenten Stoffen kann etwas heikel sein. Die Stiche können den Stoff zusammenziehen, oder der Oberfaden ist zu locker. Hier hilft es, einige Details zu beachten und die Nähmaschine präzise einzustellen:

* Eine neue dünne Nadel Nr. 70 einsetzen, um nicht mit einer stumpfen Spitze zu arbeiten.

* Mit dünnem Garn oder Stickgarn Nr. 30 oder 50 nähen.

* Einen Nähfuß aus Teflon einsetzen, wenn man einen besitzt, ansonsten einen mit doppeltem Stofftransport verwenden.

* Mit demselben Stoff zuerst ein Muster nähen, um die Spannung von Ober- und Unterfaden richtig einzustellen. Zieht sich der Stoff zusammen, muss die Spannung unbedingt verringert werden; ist der Oberfaden zu locker, die Spannung erhöhen.

KAPITEL 1

Lektion 4

DIE ZIERNAHT

DIE ZIERNAHT*

Aufgabe: Nähen eines ärmellosen Kleides

Schemazeichnung und Zuschneideplan → Seite 66 • Nähen → Seite 67

MATERIAL

Liberty-Baumwollstoff, 190 x 140 cm breit (S), 200 x 140 cm breit (M), 210 x 140 cm breit (L)

1 m flaches Gummiband, 2 cm breit

passendes Nähgarn

Stecknadeln

Stoffschere

Rasterpapier, Quadrate mit 5 cm Seitenlänge

Schneiderkreide

GRÖSSEN

S = 34/36

M = 38/40

L = 42/44

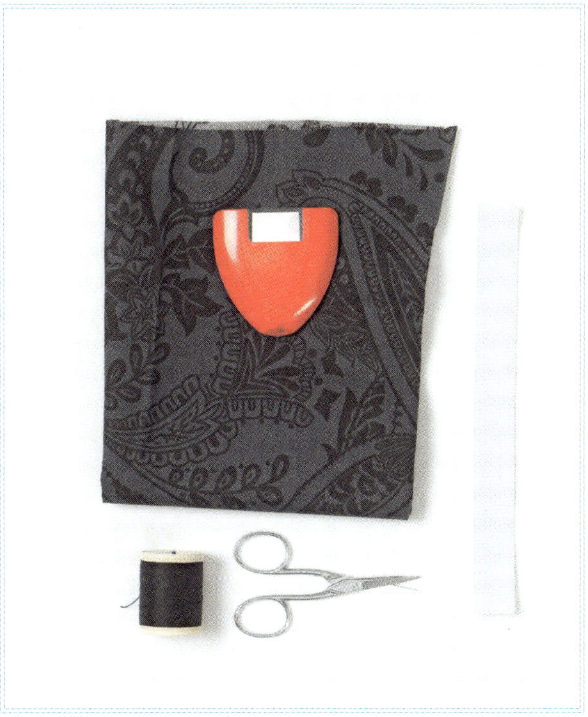

* Die Ziernaht beim Zusammensetzen verschiedener Teile hat entweder einen rein dekorativen Zweck oder sorgt bei weicheren Stoffen für eine gewisse Stabilität der Naht. Die Naht – bestehend aus einer Steppnaht oder mehreren Steppnähten – ist auf der Vorderseite sichtbar.

ÄRMELLOSES KLEID

1/Aufzeichnen

Das Schnittmuster von der Schemazeichnung auf ein Rasterpapier mit Quadraten von 5 cm Seitenlänge übertragen, anschließend die Markierungen übertragen. Nun die verschiedenen Teile zuschneiden.

2/Zuschneiden

Den Stoff der Länge nach in der Mitte rechts auf rechts falten. Die Teile entsprechend dem Zuschneideplan auf den Stoff legen, dann mit Lineal und Schneiderkreide aufzeichnen. Anschließend die Teile mit 1,5 cm Abstand von der Linie zuschneiden.

Schemazeichnung

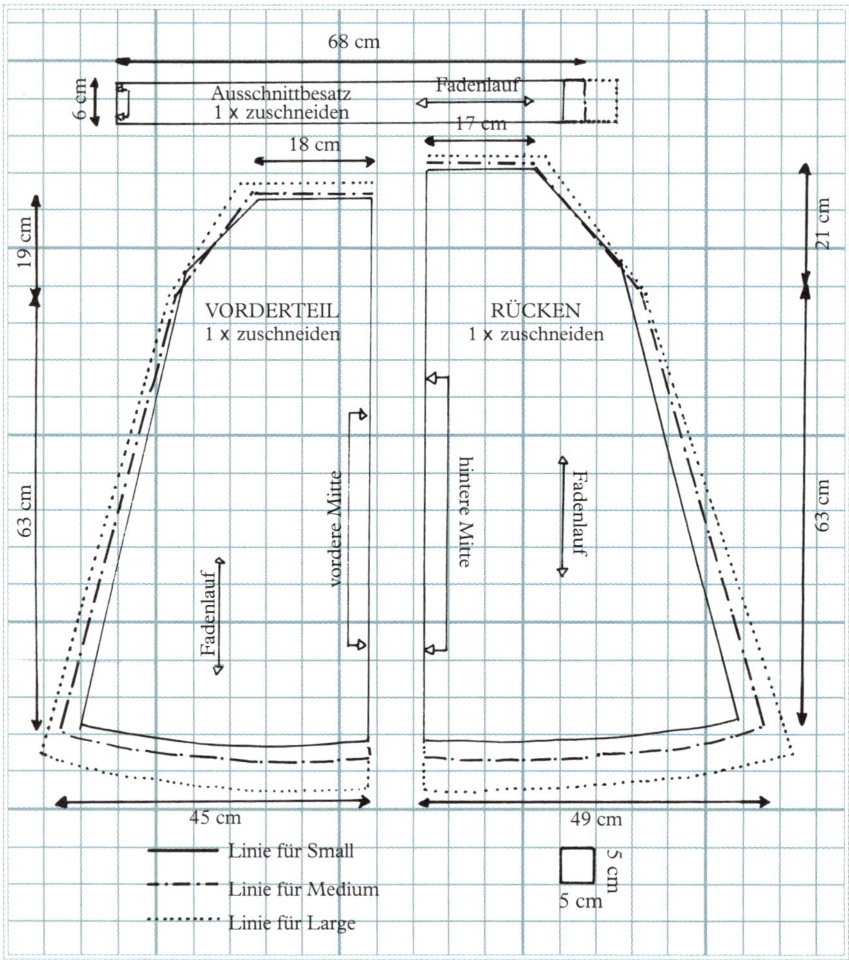

Zuschneideplan

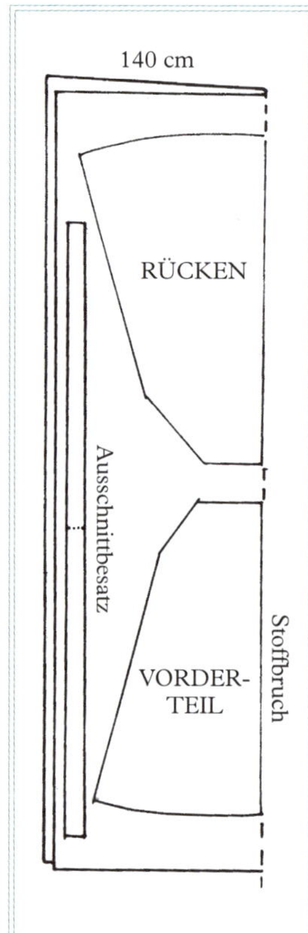

3/Nähen

Vorder- und Rückenteil an den Seiten mit Ziernähten zusammenfügen. Anschließend die Armausschnitte säumen und den Halsausschnitt mit einem Besatzstreifen einfassen, durch den ein Gummiband gezogen wird. Zum Schluss das Kleid unten säumen.

1 Vorder- und Rückenteil rechts auf rechts aufeinanderlegen. Die Seiten abstecken.

2 Die Seitennähte 1,5 cm vom Rand absteppen. Dies ist die erste Etappe der Ziernaht.

3 Zweite Etappe: Die Ränder der Nahtzugaben zusammen versäubern und flach bügeln.

4 Die Stichlänge für den Zierstich auf 4 mm einstellen und die drei Schichten 1 cm von der Naht der ersten Etappe entfernt zusammennähen. Genau parallel zu dieser ersten Naht nähen.

5 Auf Höhe der Armausschnitte mit dem Bügeleisen einen 1,5 cm breiten Saum nach innen umbügeln und 1 cm von der Faltkante entfernt absteppen. Die Nahtzugabe versäubern.

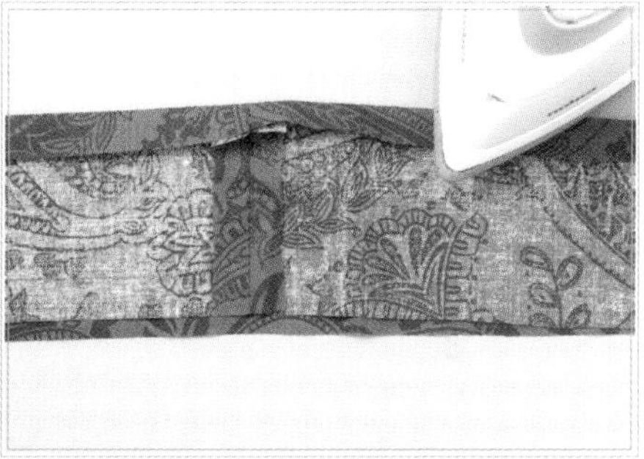

6 Die beiden Enden des Ausschnittbesatzes zusammennähen. Dann auf einer Seite mit dem Bügeleisen 1,5 cm vom Rand einen Umschlag nach innen bügeln.

7 Den Besatzstreifen rechts auf rechts auf Vorder- und Rückenteil stecken, dabei jeweils auf die Mitte achten, danach absteppen.

8 Den Besatzstreifen in der Mitte nach links falten, sodass die eingebügelte Umschlagkante (6) auf der Naht zu liegen kommt. 1 cm vom Umschlagrand absteppen, dabei eine 5 cm lange Öffnung für das Gummiband lassen. Das Gummiband einziehen, auf die richtige Länge bringen und die Öffnung schließen.

9 Mit dem Bügeleisen einen doppelten Umschlag bügeln, den ersten 1 cm breit, den zweiten 2,5 cm breit. 2 cm vom Rand absteppen.

KAPITEL 1

Lektion 5

NÄHEN MIT BESCHICHTETEN STOFFEN

NÄHEN MIT BESCHICHTETEN STOFFEN*

Aufgabe: Nähen einer Einkaufstasche

Schemazeichnung und Zuschneideplan → Seite 70 • Nähen → Seite 71

MATERIAL

naturfarbenes Leinen, 70 x 110 cm breit

beschichteter Stoff mit Pünktchenmuster, 35 x 85 cm

Pappe

passendes Nähgarn

Stecknadeln

Stoffschere

Cutter

Pauspapier

Rasterpapier, Quadrate mit 5 cm Seitenlänge

Schneiderkreide

* Das Nähen von beschichteten Stoffen oder Vinyl stellt im Grunde keine echte Schwierigkeit dar. Mit einem Teflon-Nähfuß lässt sich dieses Material ganz leicht nähen. Falls Ihre Maschine keinen solchen Nähfuß besitzt, legen Sie einfach einen Streifen Pauspapier zwischen Nähfuß und Stoff und einen weiteren Streifen zwischen Transporteur und Stoff.

EINKAUFS-
TASCHE

1/Aufzeichnen

Das Schnittmuster von der Schemazeichnung auf ein Rasterpapier mit Quadraten von 5 cm Seitenlänge übertragen, anschließend die Markierungen übertragen. Nun die verschiedenen Teile zuschneiden.

2/Zuschneiden

Den Stoff rechts auf rechts längs in der Mitte falten. Die Teile entsprechend dem Zuschneideplan auf den Stoff legen. Mit Lineal und Schneiderkreide die Teile aufzeichnen. Die Teile 1,5 cm von der Linie entfernt zuschneiden. Das Leinenstück, das den unteren Taschenteil bildet, versäubern.

Schemazeichnung

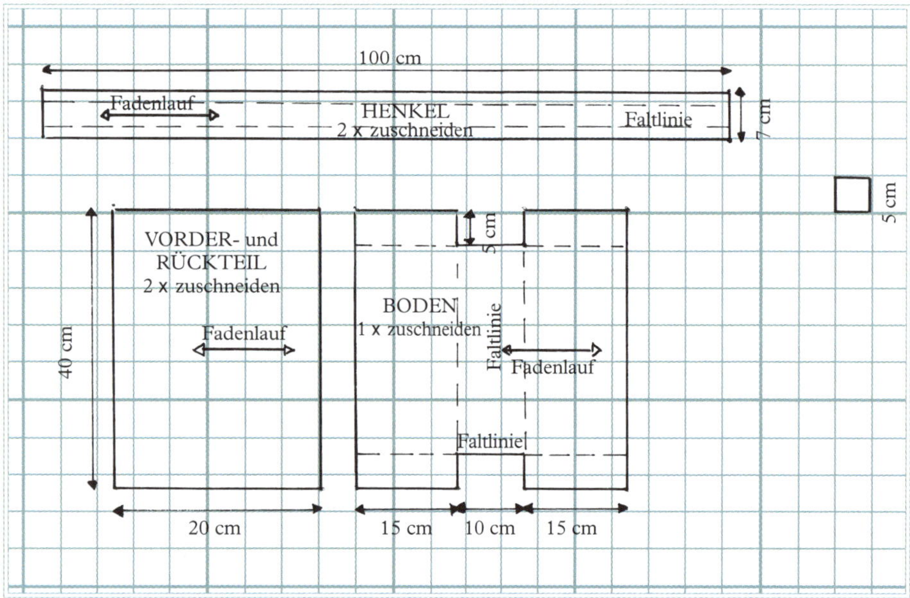

Zuschneideplan

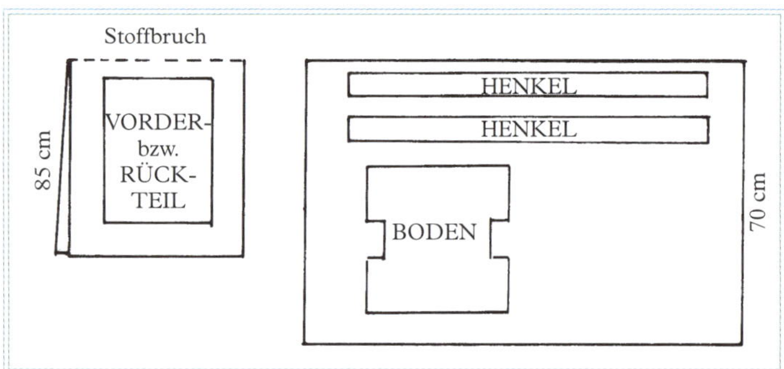

Ohne Teflon-Nähfuß

→ Als Ersatz für einen Teflon-Nähfuß legen Sie einen Streifen Pauspapier zwischen Nähfuß und Stoff und einen weiteren Streifen zwischen Transporteur und Stoff. Die Stiche perforieren die Papierstreifen während des Nähens. Anschließend einfach das überstehende Papier herausziehen.

3/ Nähen

Zuerst die Henkel nähen und diese anschließend am Leinenteil der Tasche befestigen. Leinen und beschichteten Stoff zusammennähen, die Seitennähte schließen, die Zwickel nähen und den Karton in den Taschenboden schieben.

1 Mit dem Bügeleisen an den Längsseiten der Henkel 1 cm breite Säume umbügeln. Dann die Henkel links auf links in der Mitte falten und abstecken.

2 Die Stichlänge auf 4 mm einstellen und an beiden Längsseiten der Henkel 5 mm vom Rand absteppen.

3 Die Enden der Henkel rechts auf rechts auf die gepunkteten Linien des Leinenstücks legen und – die Enden zeigen nach außen – zusammenheften.

4 Das untere Taschenteil aus Leinen rechts auf rechts auf die beiden Seiten aus beschichtetem Stoff stecken. Absteppen, dabei über die Henkelenden nähen; die Nahtzugaben auseinanderbügeln.

5 Die Henkel entlang der gepunkteten Linie des Schnittmusters flach auf die beiden Seiten aus beschichtetem Stoff legen. Bis auf eine Höhe von 20 cm die Henkelnähte erneut absteppen.

6 Die Tasche in der Mitte rechts auf rechts falten. Die Seiten abstecken und 1,5 cm vom Rand absteppen.

7 Die Unterseite für den Leinenboden so falten, dass sich die Zwickel an den Seiten bilden. Die Seitennaht liegt auf der Bodenmitte. Abstecken und absteppen. Die Nähte auseinanderbügeln.

8 Die Tasche auf rechts wenden. An der Taschenöffnung einen 5 cm breiten Umschlag falten. 1 cm von der Umschlagfalte absteppen. Falls nötig, hierzu den Teflon-Nähfuß und das Pauspapier verwenden.

9 Mit dem Cutter ein Rechteck von 10 x 30 cm aus dem Karton schneiden. Diesen Karton zur Verstärkung in den Taschenboden schieben.

KAPITEL 2

VOLUMEN SCHAFFEN

KAPITEL 2

Lektion 6

ABNÄHER

LEKTION 6

ABNÄHER*

Aufgabe: Nähen einer Wickelbluse

Fertigschnittmuster (Originalgröße) → Bögen A und B • Zuschneideplan → Seite 76
Nähen → Seite 76 und 77

MATERIAL

Seide, 155 x 140 cm breit (S),
165 x 140 cm breit (M) und 180 x 140 cm breit (L)

Aufbügelvlies, 50 x 90 cm

passendes Nähgarn

Stecknadeln

Stoffschere

farbiges Kohlepapier

Seidenpapier

Kopierrädchen

Lineal

GRÖSSEN

S = 34/36

M = 38/40

L = 42/44

* Abnäher sind dreieckige Falten, die das Kleidungsstück auf Höhe der Brust, der Taille oder der Hüften der Körperform anpassen. Sie können mehr oder weniger tief sein und werden gerade oder in leichtem Bogen genäht.

1/Aufzeichnen

Die Teile auf den beigefügten Bögen A und B suchen, auf Seidenpapier übertragen und ausschneiden. Auf alle Teile auch die Markierungen übertragen.

2/Zuschneiden

Die Schnittmusterteile unter Berücksichtigung des Fadenlaufs auf den Stoff legen. Die Umrisse mittels Kohlepapier, Kopierrädchen und Lineal aufzeichnen. 1,5 cm von der Linie entfernt zuschneiden.

✲ **Zuschneideplan**

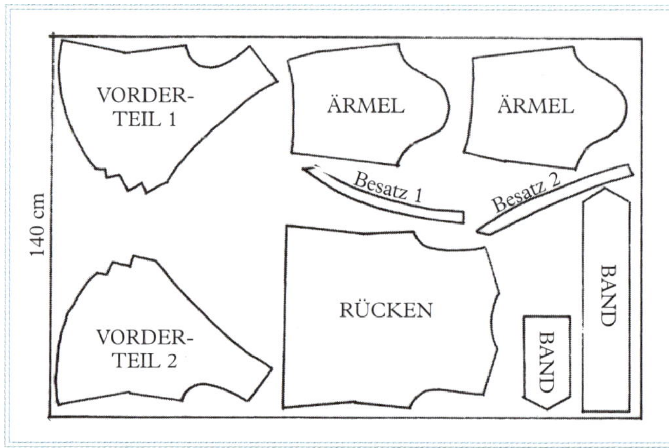

3/Nähen

Alle Teile mit Zickzackstich versäubern und auf die Rückseite der Besatzteile das Aufbügelvlies aufbügeln. Die Abnäher nähen, dann Rück- und Vorderteile an den Schultern zusammennähen. Den Halsausschnitt am Rückenteil säumen, an den Vorderteilen die Besatzstücke anbringen und die Bänder nähen. Die Bänder ansetzen und annähen, die Seitennähte der Wickelbluse zusammennähen und die Ärmel einsetzen. Die Ärmel und die Wickelbluse unten säumen.

1 Auf der Rückseite der Vorderteile die Falten legen: Den Stoff zwischen den beiden Linien so falten, dass ein Stoffdreieck entsteht. Abstecken, dann auf der Linie absteppen. Die Abnäher am Rückenteil ebenso nähen.

2 Rückenteil und Vorderteile rechts auf rechts an den Schultern übereinanderlegen. Abstecken, dann absteppen. Die Nähte auseinanderbügeln.

3 Mit dem Bügeleisen einen doppelten Umschlag von 5 mm Höhe am Halsausschnitt des Rückenteils umbügeln, abstecken und anschließend 3 mm vom Rand absteppen.

4 Die Besatzteile rechts auf rechts auf die Vorderteile stecken, dann absteppen. Überstehenden Stoff 5 mm über der Naht abschneiden. Die Nähte auseinanderbügeln, dann den Besatz nach links umschlagen.

5 Auf der linken Seite die Oberkante der Besatzteile entlang der Schulternähte umschlagen und per Hand mit einem Saumstich fixieren.

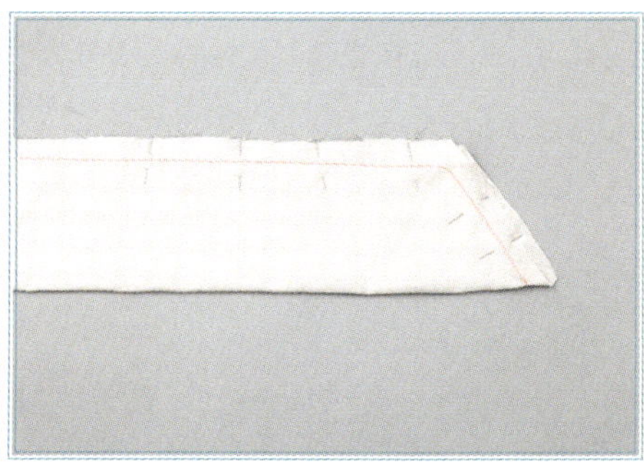

6 Die Stoffstreifen, welche die Bänder bilden sollen, zunächst der Länge nach rechts auf rechts in der Mitte falten. Abstecken, dann absteppen, dabei das rechte Ende offen lassen. Die Nähte auseinanderbügeln und auf rechts wenden.

7 Mit dem Bügeleisen einen doppelten Umschlag von 1 cm an der Rundung der Vorderteile auf Höhe der Abnäher bügeln. Zusammenheften.

8 An der Öffnung der Bänder einen 1 cm breiten Umschlag falten und die Bänder auf Höhe der Falten am Vorderteil platzieren. Das kürzere Band gehört an das linke Vorderteil. Zusammenheften, dann 3 mm vom Rand des Bandes absteppen.

9 Die Seiten der Wickelbluse auf links zusammenstecken, dabei an der linken Seite zwischen den beiden Markierungen offen lassen und 1,5 cm vom Rand absteppen.

10 Auf der Vorderseite der Wickelbluse die Ränder des Schlitzes absteppen.

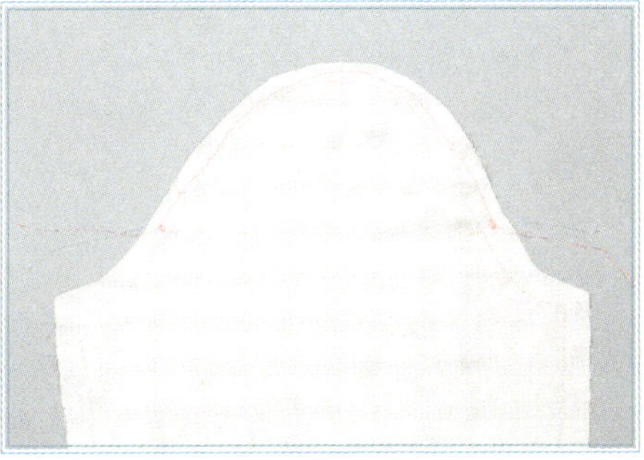

11 Die Stichlänge der Maschine auf 6 mm einstellen und auf der Nahtzugabe über den oberen Rand der Armkugeln steppen, um ihnen Stabilität zu verleihen.

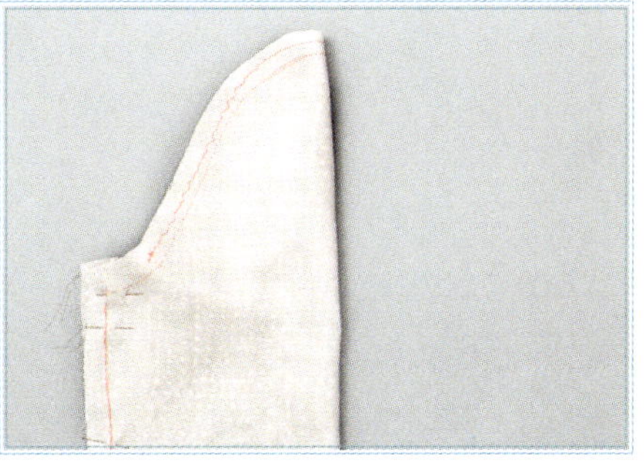

12 Die Ärmel rechts auf rechts in der Mitte falten. Die unteren Ärmelnähte zusammenstecken und 1,5 cm vom Rand absteppen.

13 Die Armkugeln von links an den Armausschnitten feststecken. 1,5 cm von den Rändern absteppen, anschließend die Nähte auseinanderbügeln.

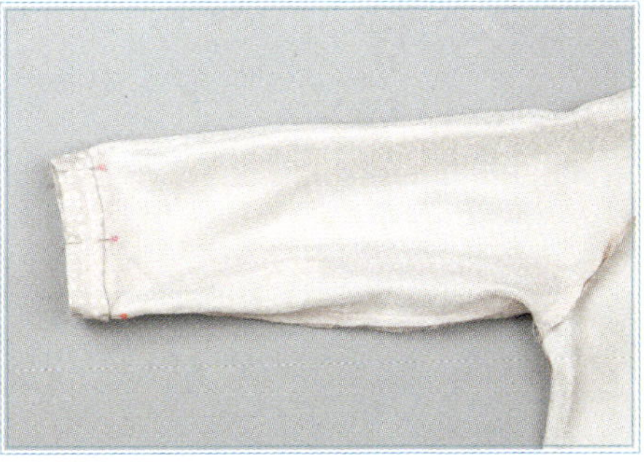

14 Mit dem Bügeleisen am Ärmelsaum einen doppelten Umschlag bügeln, den ersten 1,5 cm, den zweiten 2 cm breit. Abstecken, dann absteppen.

15 Mit der Hand auf der Rückseite den unteren Saum der Wickelbluse mit Saumstichen fixieren und den Heftfaden entfernen.

KAPITEL 2

Lektion 7

KRÄUSEL-
FALTEN

LEKTION 7

KRÄUSELFALTEN*

Aufgabe: Nähen einer Bluse

Schemazeichnung und Zuschneideplan → Seite 80 • Nähen → Seite 81

MATERIAL

beigefarbenes Leinen, 165 x 110 cm breit (S), 175 x 110 cm (M) und (L)

150 cm flaches Gummiband, 2 cm breit

passendes Nähgarn

Stecknadeln

Sicherheitsnadel

Stoffschere

Rasterpapier, Quadrate mit 5 cm Seitenlänge

Bleistift

Lineal

GRÖSSEN

S = 34/36

M = 38/40

L = 42/44

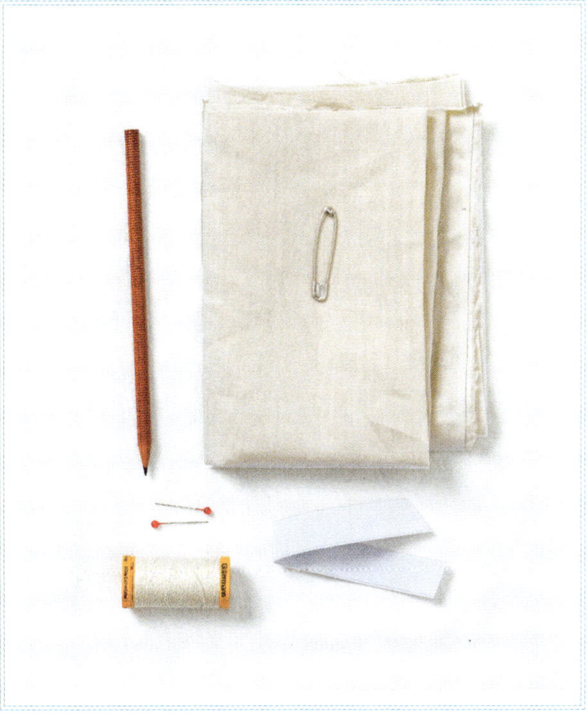

* Kräuselfalten sind eine sehr praktische und zugleich dekorative Möglichkeit, das Stoffvolumen eines Kleidungsstücks zu regulieren. Wir zeigen hier eine einfache und schnelle Art, Kräuselfalten herzustellen, indem ein flaches Gummiband durch einen breiten Saum gezogen wird.

1/Aufzeichnen

Das Schnittmuster von der Schemazeichnung auf ein Rasterpapier mit Quadraten von 5 cm Seitenlänge übertragen, anschließend die Markierungen übertragen. Nun die verschiedenen Teile zuschneiden.

2/Zuschneiden

Die Schnittmusterteile unter Berücksichtigung des Fadenlaufs auf den Stoff legen. Die Umrisse der Teile mit Bleistift und Lineal aufzeichnen und 1,5 cm von dieser Linie entfernt zuschneiden.

Schemazeichnung

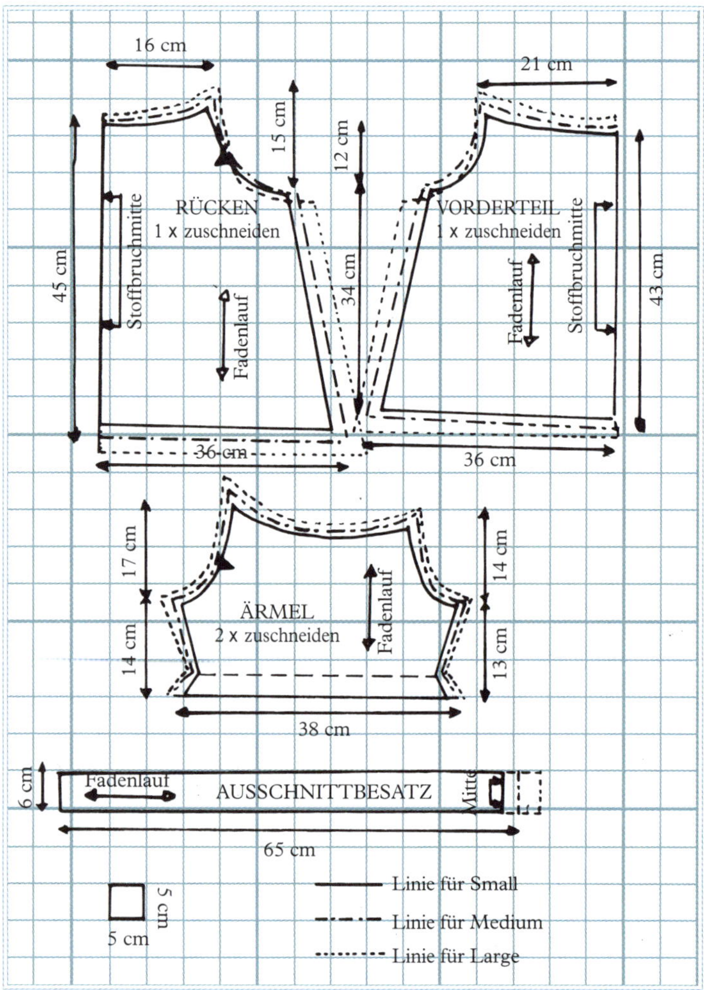

plan de coupe

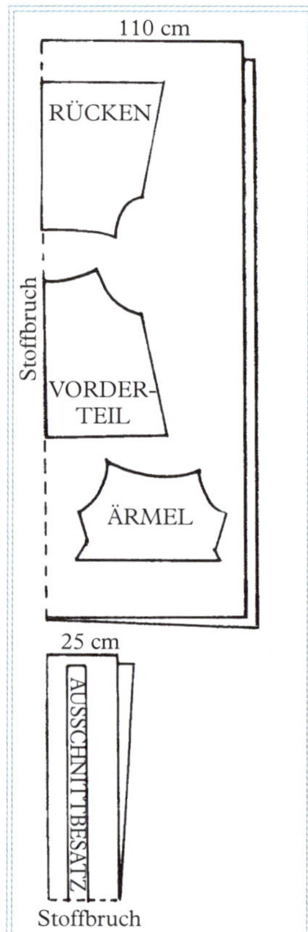

3/Nähen

Rück- und Vorderteil durch Seitennähte verbinden, die Ärmel einsetzen, unten an den Ärmeln einen Tunnelsaum nähen und das Gummiband einziehen. Den Ausschnittbesatz so absteppen, dass ein Tunnelsaum entsteht, und ein Gummiband durchziehen. Die Bluse unten säumen.

1 Vorder- und Rückenteil rechts auf rechts aufeinanderlegen. Die Seiten der Bluse zusammenstecken. Die Seitennähte 1,5 cm vom Rand absteppen. Die Nähte auseinanderbügeln.

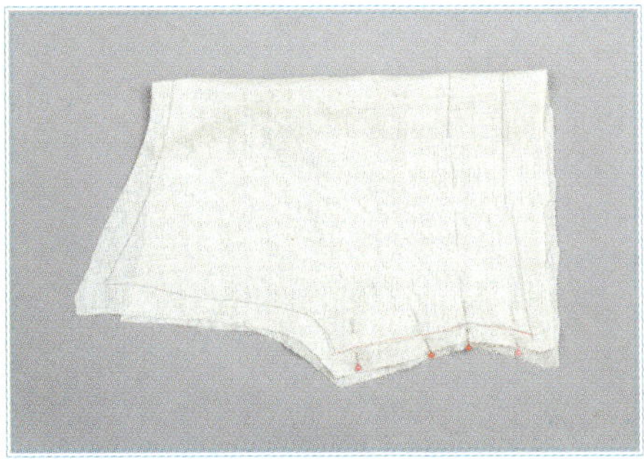

2 Die Ärmel in der Mitte rechts auf rechts zusammenfalten und die unteren Ärmelnähte zuammenstecken. 1,5 cm vom Rand absteppen.

3 Von links die Ärmel an den Armausschnitten der Bluse feststecken. Das Rückenteil des Ärmels kommt an den Armausschnitt des Rückenteils der Bluse. 1,5 cm vom Rand absteppen. Die Ränder der vorherigen Nähte versäubern.

4 Unten an den Ärmeln den Tunnelsaum umbügeln – den ersten Umschlag 1 cm breit und den zweiten 3 cm breit. Abstecken, dann 3 mm vom Saumrand absteppen, dabei auf Höhe der unteren Ärmelnaht eine 4 cm lange Öffnung lassen.

5 Mit einer Sicherheitsnadel ein 28 cm langes Gummiband durch den Saum schieben, die Falten gleichmäßig verteilen. Die Enden des Bands übereinanderlegen und 5 mm vom Rand absteppen. Die Öffnung per Hand oder mit der Maschine zunähen.

6 Die beiden Enden des Ausschnittbesatzes zusammennähen. Mit dem Bügeleisen einen Umschlag von 1,5 cm an den Rändern bügeln.

7 Den Ausschnittbesatz rechts auf rechts mittig an Vorder- und Rückenteil stecken und absteppen.

8 Den Ausschnittbesatz zur Hälfte auf links falten; der umgebügelte Umschlag (6) liegt innen. 1 cm vom umgeschlagenen Rand absteppen, dabei eine 5 cm lange Öffnung lassen. Ein 85 cm langes Gummiband durch diesen Tunnelsaum ziehen, auf das richtige Maß bringen und die Öffnung zunähen.

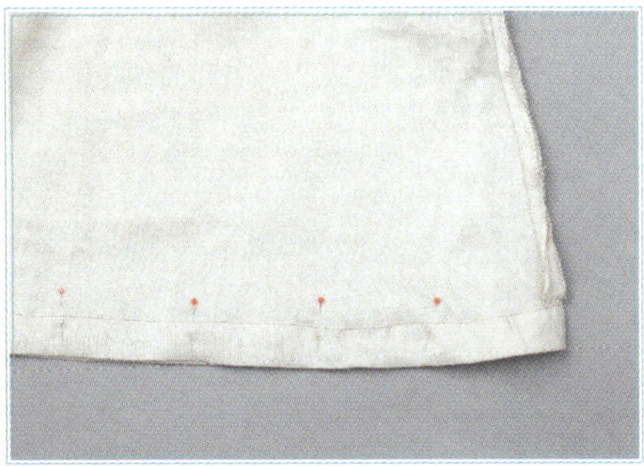

9 Mit dem Bügeleisen einen doppelten Saum bügeln, den ersten Umschlag 1 cm, den zweiten 3,5 cm breit. Danach 3 cm vom Rand absteppen.

KAPITEL 2

Lektion 8

TUNNELBUND

TUNNELBUND*

Aufgabe: Nähen einer Dreiviertelhose

Fertigschnittmuster (Originalgröße) → Bogen B • Zuschneideplan → Seite 84
Nähen → Seite 85

MATERIAL

schwarzes Leinen, 250 x 110 cm breit (S) und (M) und 265 x 110 cm breit (L)

2 m flache Baumwollkordel, 2 cm breit

passendes Nähgarn

Stecknadeln

Sicherheitsnadel

Stoffschere

weißes Kohlepapier

Seidenpapier

Kopierrädchen

Lineal

GRÖSSEN

S = 34/36

M = 38/40

L = 42/44

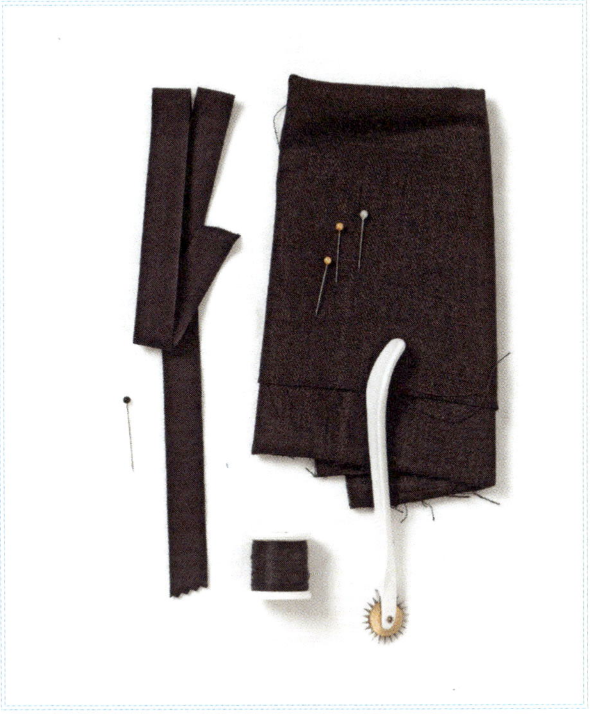

* Ein Tunnelsaum oder Tunnelbund ist ein breiter Saum, durch den ein Gummi, ein Band oder eine Kordel gezogen werden können, um den Stoff zusammenzuziehen. Damit das durchgezogene Band problemlos gleitet, sollte der Tunnel mindestens 6 mm breiter sein als das durchgezogene Band.

DREIVIERTEL-HOSE

1/Aufzeichnen

Die Teile auf dem beigefügten Bogen B suchen, auf Seidenpapier übertragen und ausschneiden. Auf alle Teile auch die Markierungen übertragen.

2/Zuschneiden

Den Stoff in der Mitte falten und die Schnittmusterteile unter Berücksichtigung des Fadenlaufs auf den Stoff legen. Die Umrisse der Teile mit Kohlepapier, Kopierrädchen und Lineal übertragen und 1,5 cm von der Linie entfernt zuschneiden.

Zuschneideplan

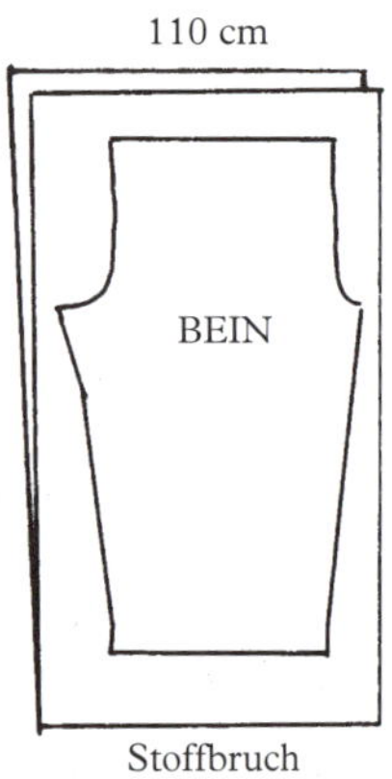

Verschiedene Möglichkeiten für die Ausführung eines Tunnelsaums oder Tunnelbunds

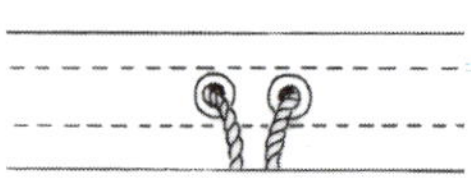

*** Bevor der Tunnelbund umgeschlagen wird, vorne in der Mitte zwei Metallösen befestigen. Der Durchmesser dieser Ösen muss 2 mm größer sein als der Durchmesser der Kordel, die durchgezogen werden soll.**

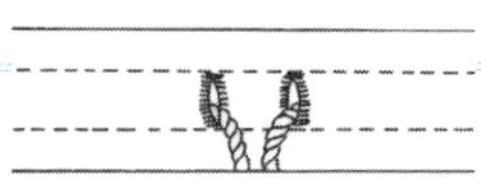

*** Bevor der Tunnelbund umgeschlagen wird, mit der Maschine zwei kleine Knopflöcher parallel zueinander im Abstand von 2 cm sticken. Den Tunnelbund fertigstellen, dabei in Knopflochbreite oberhalb und unterhalb der Knopflöcher eine Naht steppen. Die Kordel durch den Tunnel ziehen.**

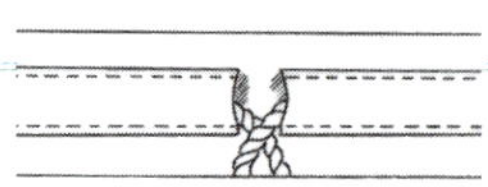

*** Den Bundsaum der Hose oder des Rocks nähen, dann auf diesen Saum ein Band nähen, dessen Enden mit 1–2 cm Abstand voneinander genau in der Mitte des Kleidungsstücks liegen. Das Band oben und unten 2 mm vom Rand absteppen. Dann die Kordel durch den so entstandenen Tunnel ziehen.**

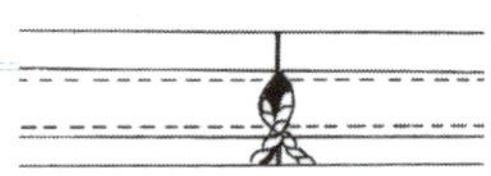

*** Verfahren wie bei Variante C, die Öffnung jedoch an der Seite des Kleidungsstücks vorsehen. Die Enden des Bands aneinanderstoßen lassen. Diese Variante ist eher für feine Stoffe geeignet.**

3 / Nähen

Die Ränder der Teile mit Ausnahme der Rundungen versäubern, anschließend die Hose zusammennähen. Zuerst ein Bein nähen, dann das andere und schließlich beide Teile der Hose verbinden. Einen Tunnelbund nähen und eine flache Kordel durchziehen. Unten an den Hosenbeinen einen Saum absteppen.

1 Die Hosenbeine rechts auf rechts in der Mitte zusammenfalten. Die beiden Nahtlinien der Beininnenseite so übereinanderlegen, dass die Spitzen des Schritts deckungsgleich sind. Abstecken, dann die Hosenbeine 1,5 cm von den Rändern absteppen.

2 Ein Hosenbein auf rechts wenden und in das andere Hosenbein schieben, sodass Vorder- und Rückenteil deckungsgleich sind.

3 Abstecken, dann 1,5 cm von den Rändern absteppen. An den Rundungen die Nahtzugabe einschneiden. Die Nähte auseinanderbügeln und die Nahtumschläge versäubern.

4 Von links den Tunnelbund umbügeln. Den ersten Umschlag 1 cm breit, den zweiten 4 cm breit. Abstecken, dann diesen breiten Saum heften.

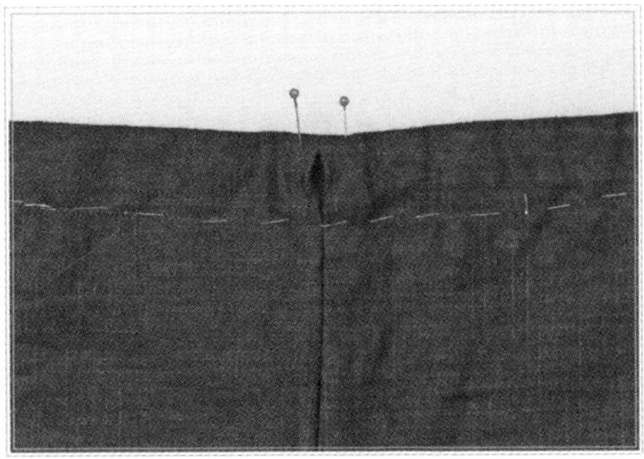

5 Von rechts den Tunnelbund in Höhe der Vordernaht offen lassen. Hier wird später die flache Kordel eingezogen.

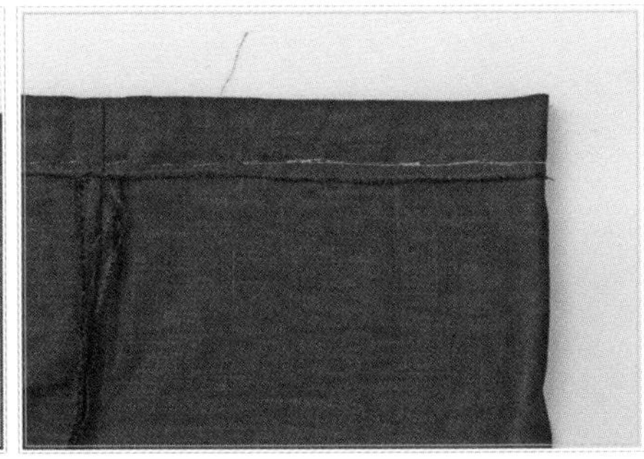

6 Den unteren Rand des Tunnelbunds 5 mm über dem Rand absteppen.

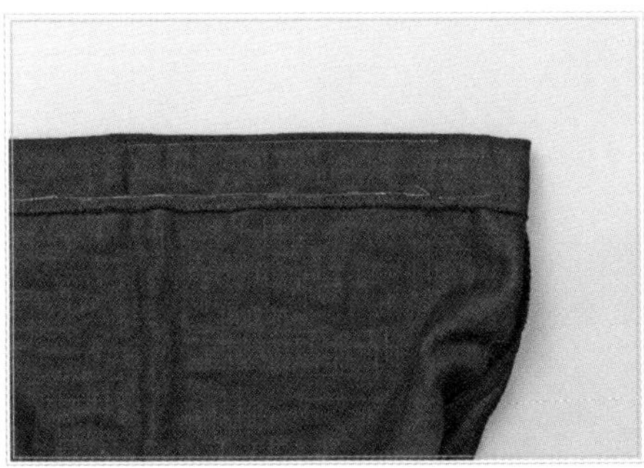

7 Den oberen Rand des Tunnelbunds ebenfalls 3 mm vom Rand entfernt einmal komplett absteppen. Die beiden Reihen Heftfäden heraustrennen. Auf rechts wenden.

8 Die Kordel mithilfe der Sicherheitsnadel durch den Tunnelbund ziehen. Die Stofffalten gleichmäßig verteilen. Die Kordel verknoten und damit den Taillenumfang der Hose an die Figur anpassen.

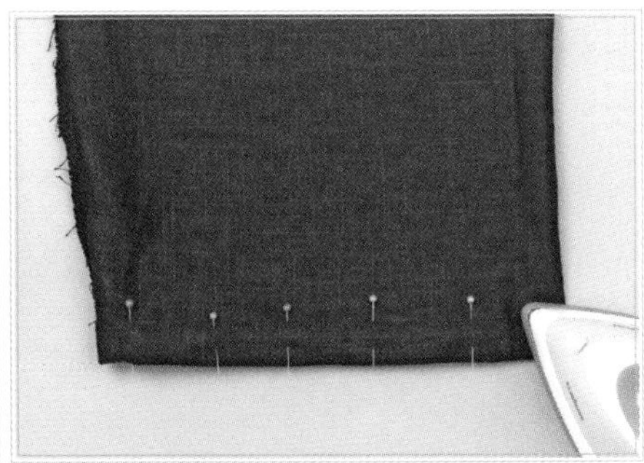

9 Mit dem Bügeleisen unten an den Hosenbeinen die Säume umbügeln. Den ersten Umschlag 1 cm breit, den zweiten 1,5 cm breit. Abstecken, dann 3 mm von der Faltkante entfernt absteppen.

KAPITEL 2

Lektion 9

SCHRÄG ZUM FADENLAUF ZUSCHNEIDEN

LEKTION 9

SCHRÄG ZUM FADENLAUF ZUSCHNEIDEN*

Aufgabe: Nähen einer Schürze

Schemazeichnung und Zuschneideplan → Seite 88 • Nähen → Seite 89

MATERIAL

gepunktete Baumwolle, 150 x 110 cm breit (S), (M) und (L)

2 Perlmuttknöpfe, 23 mm Durchmesser

passendes Nähgarn

Stecknadeln

Stoffschere

Rasterpapier, Quadrate mit 5 cm Seitenlänge

Bleistift

Lineal

GRÖSSEN

S = 34/36

M = 38/40

L = 42/44

* Schräges Zuschneiden gibt einem Kleidungsstück Flexibilität, es folgt dann ganz natürlich der Körperform. Als Orientierung nehmen Sie ein gleichschenkliges Dreieck, das Sie am Fadenlauf anlegen. So werden die 45-Grad-Winkel genau angezeigt.

1/Aufzeichnen

Das Schnittmuster von der Schemazeichnung auf ein Rasterpapier mit Quadraten von 5 cm Seitenlänge übertragen, anschließend die Markierungen übertragen. Nun die verschiedenen Teile zuschneiden.

2/Zuschneiden

Das Schnittmuster der Schürze schräg, die anderen Teile entsprechend dem Fadenlauf auf den Stoff legen. Mithilfe von Kreide und Lineal die Umrisse aufzeichnen. 1,5 cm von der Linie entfernt zuschneiden.

Schemazeichnung

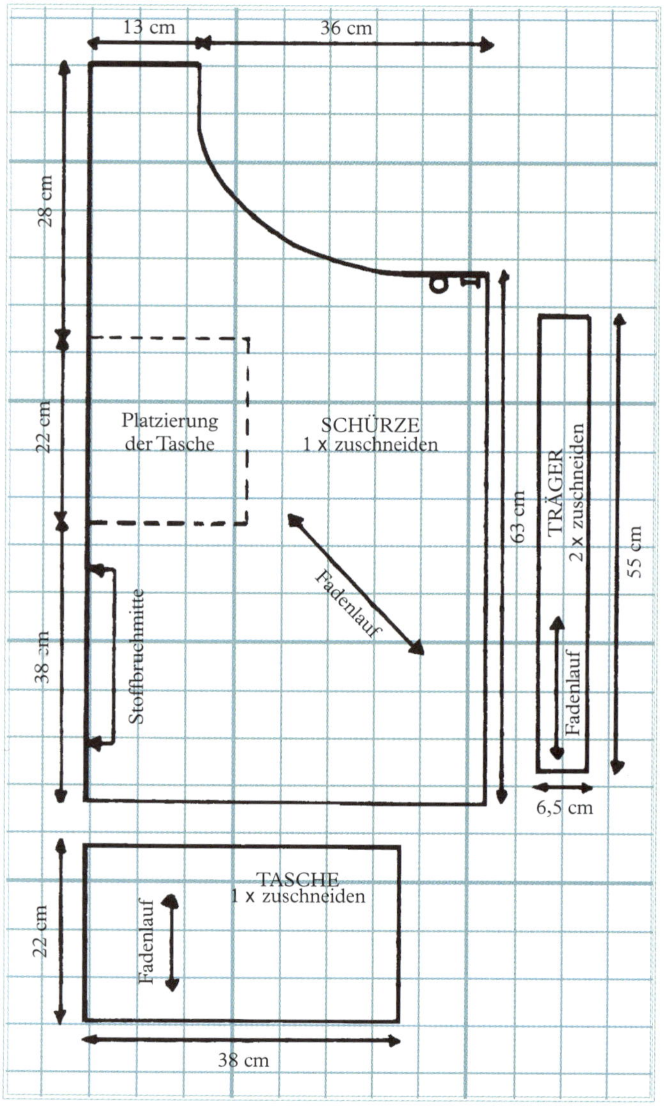

Zuschneideplan

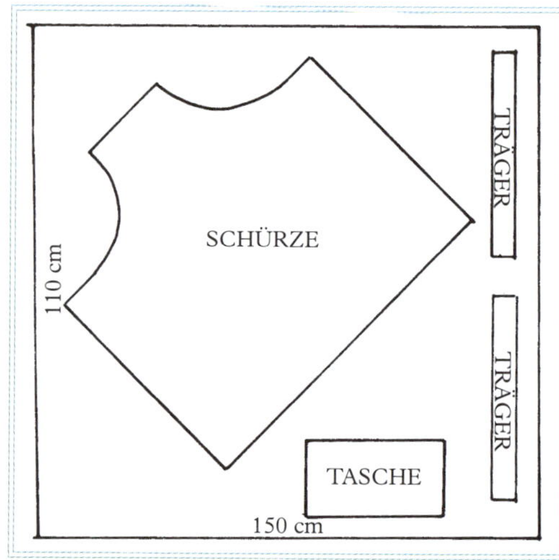

KLEINER TIPP

Bei der letzten Etappe der Fertigstellung der Schürze den Druck des Nähfußes leicht verringern, um den Stoff während des Säumens nicht zusammenzuziehen. Schräg zugeschnittener Stoff ist sehr elastisch und kann sich während des Absteppens verziehen.

3/Nähen

Die Teile mit Ausnahme der Rundungen versäubern. Die Armausschnitte umschlagen und versäubern. Den Latz oben und die Seiten der Schürze säumen. Die Tasche vorbereiten und auf die Schürze steppen. Die Träger anfertigen und an die Schürze nähen. Zwei Knopflöcher sticken und gegenüber die beiden Knöpfe annähen. Die Schürze unten säumen.

1 Mit dem Bügeleisen an den Armausschnitten einen 1,5 cm breiten Umschlag bügeln. Abstecken, dann 1 cm vom Rand absteppen. Den Nahtumschlag versäubern.

2 Oben am Latz und an den Seiten der Schürze einen Saum anfertigen. Einen ersten Umschlag von 5 mm und einen zweiten von 1,5 cm bügeln. Abstecken, dann 1 cm vom Rand absteppen.

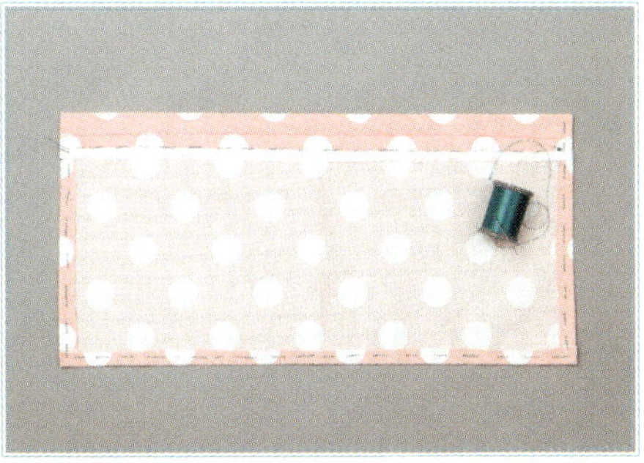

3 Zur Vorbereitung für die Tasche oben an der Tasche einen 3 cm breiten Umschlag und an den anderen drei Seiten einen 1,5 cm breiten Umschlag bügeln. Die vier Seiten heften. Den oberen Saum 1,5 cm vom Rand entfernt absteppen.

4 Die Tasche auf die Mitte der Schürzenaußenseite legen, die Angaben der Schemazeichnung beachten. Abstecken, dann die drei Seiten 3 mm vom Rand absteppen. Eine Mittelnaht nähen, um die Tasche zweizuteilen. Die Heftfäden entfernen.

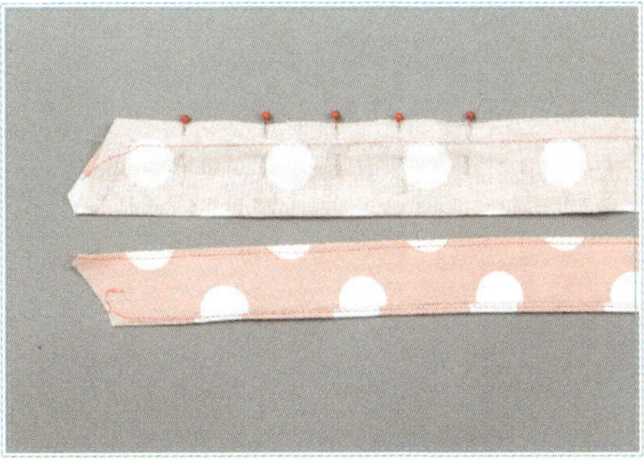

5 Beide Träger mit dem Bügeleisen der Länge nach rechts auf rechts in der Mitte falten, die Seiten abstecken und absteppen, die Enden offen lassen. Die Nähte auseinanderbügeln. Auf rechts wenden, beide Längsnähte 3 mm vom Rand nochmals steppen.

6 Die Enden der Träger auf der Innenseite des Latzes 1 cm breit nach innen umschlagen. Jeweils ein Trägerende oben von links an den Latz stecken und absteppen.

7 Die Träger überkreuzen, jeweils das untere Ende der Träger an die in der Schemazeichnung markierte Stelle stecken und absteppen. Vor dem Absteppen die Länge der Träger anpassen.

8 An der Nähmaschine den Knopflochstich einstellen. Den speziellen Knopflochfuß einsetzen. An den markierten Stellen jeweils ein Knopfloch sticken. Die Knöpfe gegenüber von den Knopflöchern annähen und zum Positionieren der Knöpfe die Schoßteile der Schürze übereinanderschlagen.

9 Mit dem Bügeleisen unten an der Schürze einen Saum umbügeln. Den ersten Umschlag 1 cm breit und den zweiten 1,5 cm breit. Abstecken, dann 1 cm vom Rand absteppen.

KAPITEL 2

Lektion 10

RUNDUNGEN NÄHEN

LEKTION 10

RUNDUNGEN NÄHEN*

Aufgabe: Nähen einer Schlupfbluse

Fertigschnittmuster (Originalgröße) → Bogen A • Zuschneideplan → Seite 92
Nähen → Seite 93 und 94 • Variante → Seite 94

MATERIAL

schwarzes Leinen, 160 x 110 cm breit (S) und (M), 180 x 110 cm breit (L)

1 Reißverschluss, 40 cm lang

passendes Nähgarn

Kräuselfaden

Stecknadeln

Stoffschere

weißes Kohlepapier

Seidenpapier

Kopierrädchen

Lineal

GRÖSSEN

S = 34/36

M = 38/40

L = 42/44

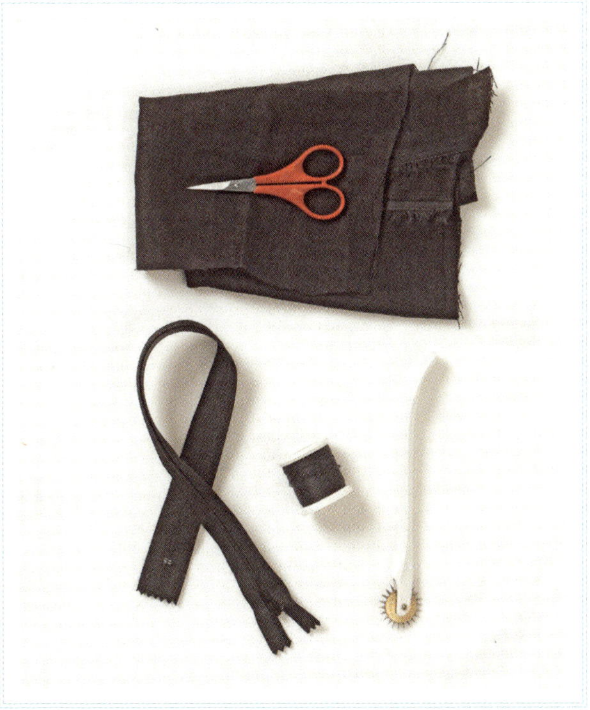

* Rundungen finden sich immer wieder, hauptsächlich an Halsausschnitten, Armausschnitten und Armkugeln. Sie machen ein Kleidungsstück bequem und sorgen dafür, dass sich der Stoff den Körperformen anpasst.

SCHLUPF-
BLUSE

1/Aufzeichnen

Die Teile auf dem beiliegenden Bogen A suchen, auf Seidenpapier übertragen und ausschneiden. Auf alle Teile auch die Markierungen übertragen.

2/Zuschneiden

Den Stoff in der Mitte falten und die Schnittmusterteile unter Berücksichtigung des Fadenlaufs auf den Stoff legen. Die Umrisse der Teile mithilfe des Kohlepapiers, des Kopierrädchens und des Lineals aufzeichnen, danach 1,5 cm von der Linie entfernt zuschneiden.

Zuschneideplan

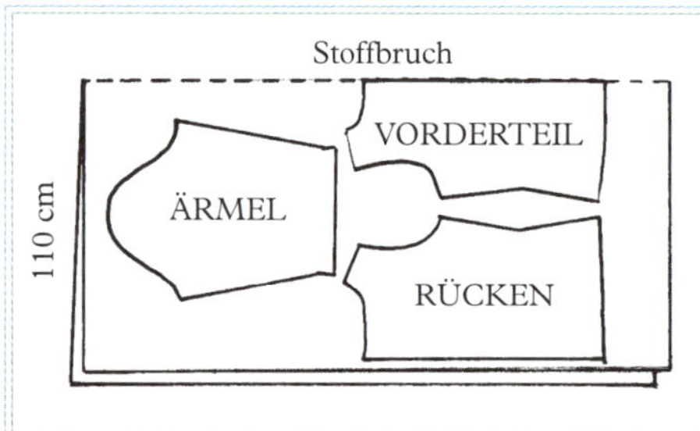

Einschnitte, Zacken, Spitzen abschneiden

Diese Begriffe umfassen zwei Tätigkeiten beim Schneidern. Einschnitte werden auf Schnittmustern durch kleine schwarze Dreiecke symbolisiert. Sie dienen als Markierung beim Zusammenfügen, beispielsweise beim Einsetzen der Ärmel in die Armausschnitte, damit die Teile so genau wie möglich zusammengefügt werden und die Nähte deckungsgleich werden. Beim Übertragen der Schnittmusterteile auf den Stoff können ein Strich mit der Schneiderkreide oder ein kleiner Einschnitt mit der Spitze der Stoffschere als Markierung dienen. Diese kleinen senkrechten Einschnitte am Stoffrand haben beim Zusammenfügen der Teile keine Konsequenzen, denn sie liegen im Bereich der Nahtzugaben.

* **Beim Zackenschneiden wird der Stoff auch eingeschnitten,** jedoch erst beim Zusammenfügen der Teile. Beim Nähen runder Formen wie einem Kragen, Armausschnitten oder dem Schritt bei einer Hose zieht sich der Stoff manchmal zu sehr zusammen. Damit das Kleidungsstück die gewünschte Passform erhält, müssen in den Nahtzugaben entlang der Rundung und senkrecht zum Stoffrand einige Schlitze bis 2 mm an die Naht geschnitten werden. Reicht dies wie bei der Rundung eines Kragens nicht aus, sind größere Einschnitte nötig. Mit der Spitze der Schere aus der Nahtzugabe schräg einige Dreiecke aus dem Stoff schneiden. Auf diese Weise entlang der Rundung mehrere Einkerbungen schneiden.

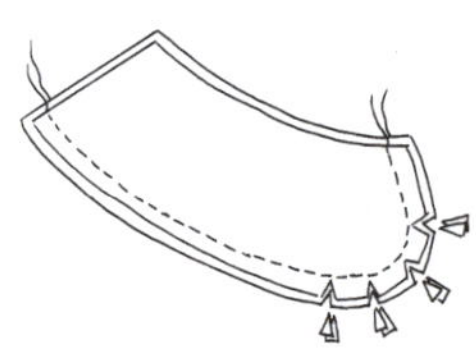

* **Das Spitzenabschneiden ist ebenfalls eine Möglichkeit, ein Zuviel an Stoff zu entfernen,** das sonst das Wenden beispielsweise einer Kragenspitze behindern würde. Nach dem Zusammennähen von Oberkragen und Unterkragen die Spitze des Kragens im Bereich der Nahtzugabe 2 mm von der Naht entfernt abschneiden. Die Spitze kann noch schmaler gemacht werden, indem beiderseits dieses abgeschnittenen Dreiecks jeweils ein weiteres Dreieck Stoff abgeschnitten wird. Anschließend kann der Kragen gewendet werden, er ist jetzt nicht mehr zu dick.

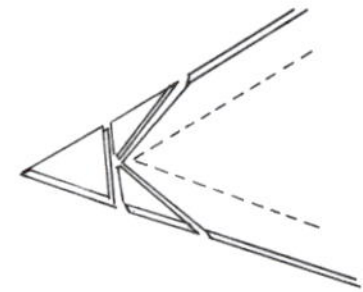

3/Nähen

Die Ränder der Teile mit Ausnahme der Rundungen versäubern. Die Rückenteile zusammennähen und den Reißverschluss einnähen. Rücken- und Vorderteil an den Schultern zusammennähen, anschließend die Seitennähte absteppen. Den Halsausschnitt einsäumen. Einen Kräuselfaden in die Armkugeln einziehen und die Ärmelnähte schließen.

1 Die beiden Rückenteile links auf links zusammenstecken und von unten bis zur Markierung steppen. Die Nähte auseinanderbügeln und den Umschlag für den Rückenschlitz bilden.

2 Den Reißverschluss von rechts mit Stecknadeln im Schlitz feststecken und darauf achten, zwischen den beiden Rändern des Schlitzes die Zähnchen des Reißverschlusses herausschauen zu lassen. Die beiden Ränder des Reißverschlusses heften.

3 Von rechts den Reißverschluss öffnen und den Reißverschlussfuß in die Nähmaschine einsetzen. Das rechte Band des Reißverschlusses 5 mm vom Rand der Verschlusszähnchen absteppen. Den Reißverschluss von oben nach unten einnähen.

4 Das untere Ende des Reißverschlusses absteppen, um es zu fixieren, und mit dem Nähen beim linken Band des Reißverschlusses fortfahren, hier von unten nach oben nähen. Die Heftfäden entfernen.

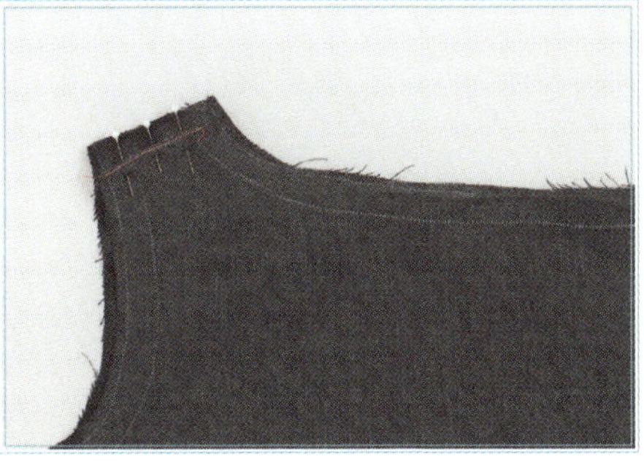

5 Vorder- und Rückenteile rechts auf rechts an den Schultern zusammenstecken. Absteppen, dann die Nähte auseinanderbügeln.

6 Die Seiten zusammenstecken, dann absteppen. Die Nähte auseinanderbügeln.

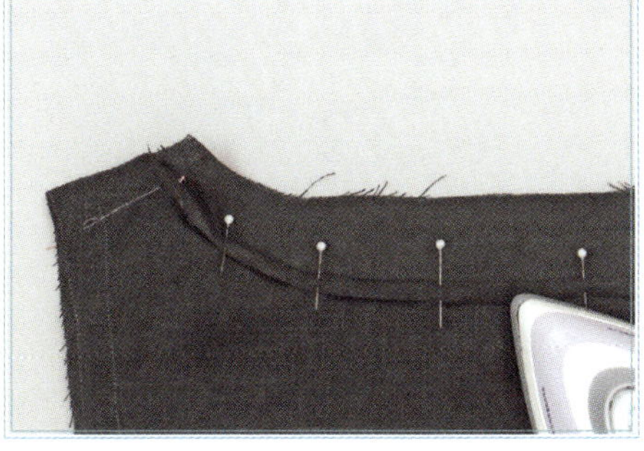

7 Am Halsausschnitt einen ersten Umschlag von 5 mm Breite und einen zweiten von 1 cm Breite umbügeln. Abstecken, dann absteppen.

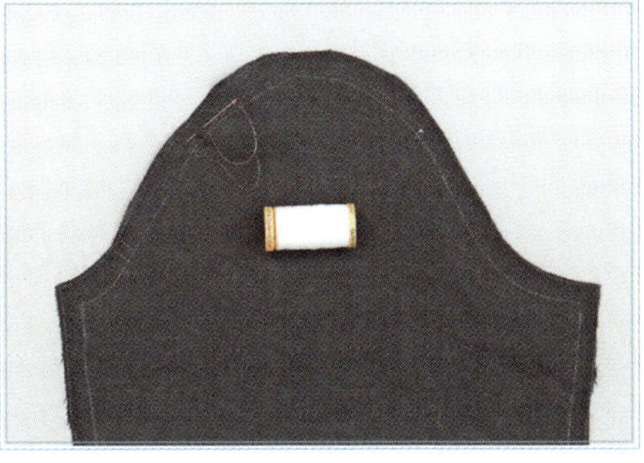

8 In die Armkugeln 3 mm von der Nahtlinie in die Nahtzugabe einen Kräuselfaden einziehen.

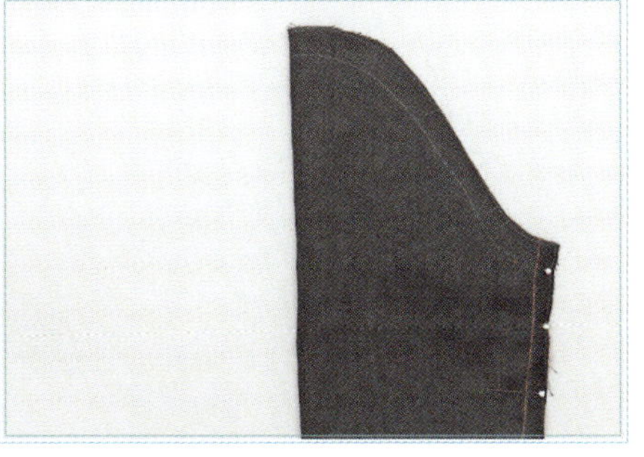

9 Die Ärmel rechts auf rechts in der Mitte falten. Die unteren Ärmelnähte zusammenstecken, dann absteppen. Die Nähte auseinanderbügeln.

4/Die Armlöcher

Die Ärmel in die Schlupfbluse einsetzen und die Armkugel kräuseln, um die Stoffmenge den Ärmellöchern anzupassen, dann absteppen. Die Ärmel und die Schlupfbluse unten einsäumen.

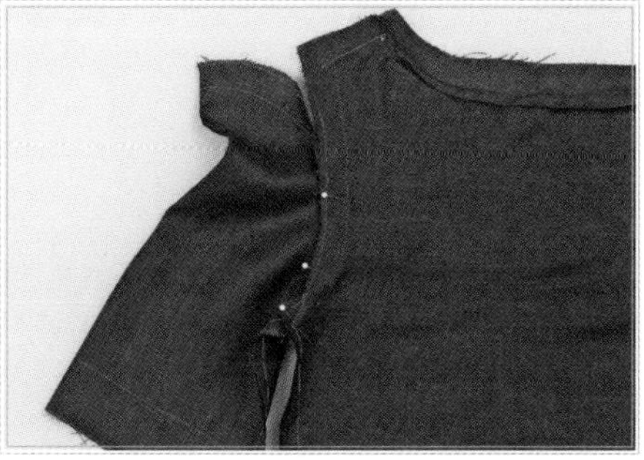

10 Die Ärmel rechts auf rechts in die Armlöcher stecken, dabei die unteren Ärmelnähte und die Seitennähte der Schlupfbluse übereinanderlegen.

11 Am Kräuselfaden ziehen, um die Armkugel der Größe des Armlochs anzupassen. Zusammenstecken und anschließend absteppen.

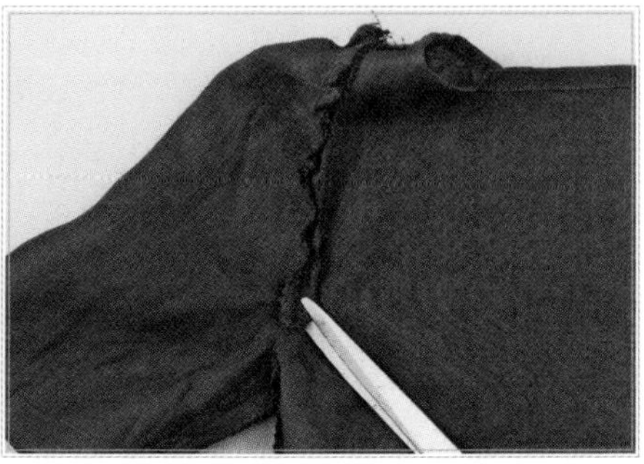

12 Die Nahtzugaben 1 cm über der Naht abschneiden, dann die Rundungen einschneiden. Alle 5 cm die Nahtzugabe senkrecht zur Naht kurz einschneiden.

13 Die beiden Ränder der Ärmel- und Armlochrundungen versäubern, dabei den Stoff nicht zusammenziehen, damit die durch das Einschneiden erreichte Dehnbarkeit erhalten bleibt.

14 Mit dem Bügeleisen unten an den Ärmeln einen ersten Umschlag von 1 cm Breite und einen zweiten von 2 cm Breite umbügeln. Feststecken, dann absteppen.

15 Mit dem Bügeleisen unten an der Schlupfbluse einen ersten Umschlag von 1 cm Breite, dann einen zweiten von 3 cm Breite umbügeln. Feststecken, anschließend absteppen.

Variante Kurzärmliges Kleid

Mit dem Schnittmuster dieser Schlupfbluse kann auch ein Kleid genäht werden. Hierzu ein neues Schnittmuster anfertigen, bei dem Vorder- und Rückenteil unten um 38 cm verlängert werden. Die Erläuterungen ab Schritt 1 lesen und ebenso verfahren.

KAPITEL 3

VERSCHIEDENE VERSCHLÜSSE

KAPITEL 3

Lektion 11

DRUCKKNÖPFE ANNÄHEN

LEKTION 11

DRUCKKNÖPFE ANNÄHEN*

Aufgabe: Nähen einer Hemdbluse

Fertigschnittmuster (Originalgröße) → Bogen A und B • Zuschneideplan → Seite 100
Nähen → Seite 102 und 103

MATERIAL

Bedruckter Baumwollstoff, 120 x 110 cm breit (S), 135 x 110 cm breit (M) und (L)

Aufbügelvlies, 50 x 90 cm

1,20 m Schrägband in passender Farbe, 2 cm breit

5 schwarze Metalldruckknöpfe, 11 mm Durchmesser

5 Perlmuttknöpfe, 15 mm Durchmesser

passendes Nähgarn

Stecknadeln

Stoffschere

farbiges Kohlepapier

Seidenpapier

Kopierrädchen

Lineal

GRÖSSEN

S = 34/36

M = 38/40

L = 42/44

* Druckknöpfe gibt es aus blankem und lackiertem Metall, aber auch aus Kunststoff. Man wählt sie nach der Stoffdicke aus. Sie lassen sich ganz leicht annähen und sind ein einfaches Mittel, ein Kleidungsstück zu schließen, ohne Knopflöcher sticken zu müssen.

ÄRMELLOSE
HEMDBLUSE

1/Aufzeichnen

Die Schnittmusterteile auf den beigefügten Bögen A und B suchen, auf Seidenpapier übertragen und ausschneiden. Auf alle Teile auch die Markierungen übertragen.

2/Zuschneiden

Den Stoff in der Mitte falten und die Schnittmusterteile unter Berücksichtigung des Fadenlaufs auf den Stoff legen. Die Umrisse der Teile mithilfe des Kohlepapiers, des Kopierrädchens und des Lineals übertragen und 1,5 cm von der Linie entfernt zuschneiden.

✻ **Zuschneideplan**

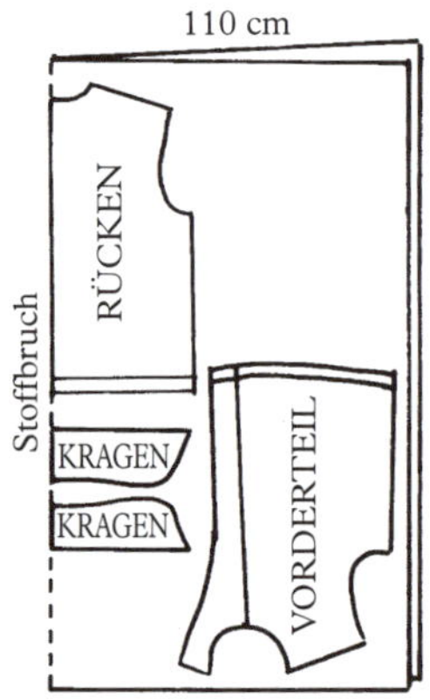

Arbeiten mit einem Aufbügelvlies

Dieses Material ersetzt das davor übliche Versteifen mit einer Einlage. Das Schnittmuster des entsprechenden Teils mit Stecknadeln auf die unbeschichtete Seite des Vlieses stecken und die Umrisse mit einem Bleistift übertragen. Die Form 3 mm innerhalb der Linie ausschneiden. So zugeschnitten trägt das Vlies nicht auf.

Das Vlies auf die Stoffrückseite legen, die Klebeseite zum Stoff. Das Bügeleisen auf „Baumwolle" einstellen. Von der Mitte nach außen aufbügeln, dabei das Bügeleisen jedoch nicht gleiten lassen, sondern jeweils einige Sekunden an einer Stelle, dann immer wieder an einer anderen Stelle stehen lassen. Das Teil vor der weiteren Verarbeitung völlig abkühlen lassen.

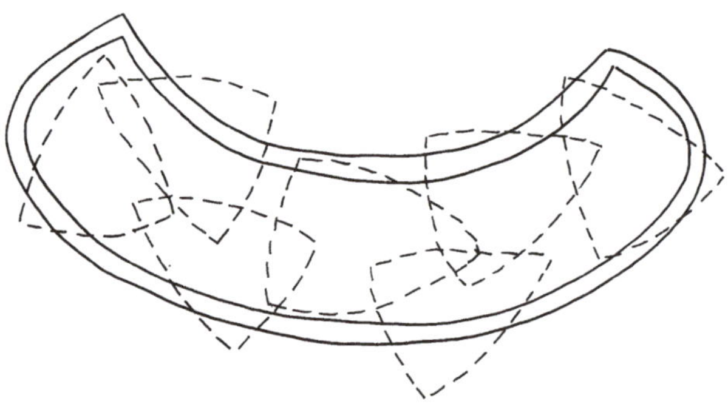

* **Kniff:** Wurde das Vlies falsch aufgebügelt oder hat sich im Vlies oder im Stoff eine Falte gebildet, einfach das Bügeleisen erneut einige Sekunden dorthin stellen, wo korrigiert werden muss. Sobald die Klebefläche warm ist, lässt sich das Vlies ganz leicht abziehen und in richtiger Position wieder auflegen.

Schnittmuster auf einen karierten oder gestreiften Stoff legen

Damit bei dem fertigen Kleidungsstück die Karos oder Streifen von Rücken- und Vorderteil zusammenpassen, ist es wichtig, eine Markierung an einer markanten Stelle des Musters zu machen und die Unterkante des Rückenteils mit der Unterkante des Vorderteils auf diese Markierung abzustimmen. Bei eingedruckten Streifen besteht die Gefahr, dass sie nicht parallel zum Fadenlauf gedruckt sind. Die Schnittmusterteile müssen dennoch am Fadenlauf orientiert werden, was die Ästhetik der Näharbeit beeinträchtigen kann. Es empfiehlt sich daher, Stoffe mit eingewebten Streifen zu kaufen.

3/Nähen

Die Teile versäubern. Aufbügelvlies auf die Rückseite der Besatzstücke an den Vorderteilen und auf eine Kragenseite bügeln. Die Brustabnäher nähen. Vorder- und Rückenteile an den Schultern zusammennähen. Kragen und Besatzstücke mit Stecknadeln befestigen. Die Armausschnitte mit Schrägband einfassen. Die Bluse unten säumen und die Druckknöpfe annähen.

1 Die Brustabnäher abstecken und absteppen. Rücken- und Vorderteile rechts auf rechts an den Schultern zusammenstecken. 1,5 cm von den Rändern entfernt absteppen. Die Abnäher bügeln und die Schulternähe auseinanderbügeln.

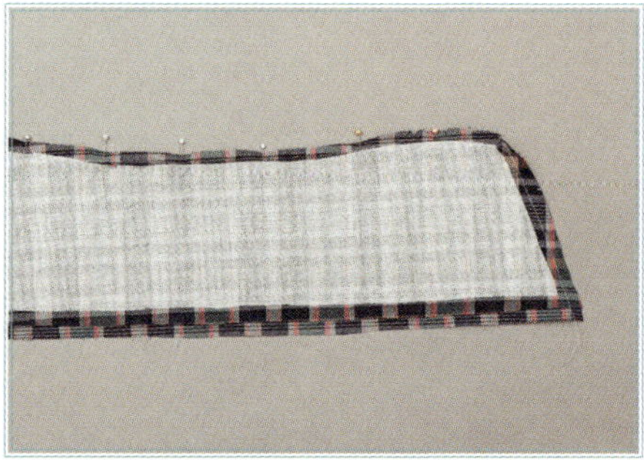

2 Die beiden Teile des Kragens rechts auf rechts übereinanderlegen. An den Seiten und oben abstecken. 1,5 cm vom Rand entfernt absteppen. Die Nahtzugaben bis auf 5 mm und an den Ecken abschneiden. Den Kragen auf rechts wenden.

3 Den Rand des mit Aufbügelvlies verstärkten Kragens mittig am Halsausschnitt des Blusenrückens feststecken. Die erste Stofflage des Kragens absteppen. Die Nahtzugabe auf 5 mm von der Naht zurückschneiden.

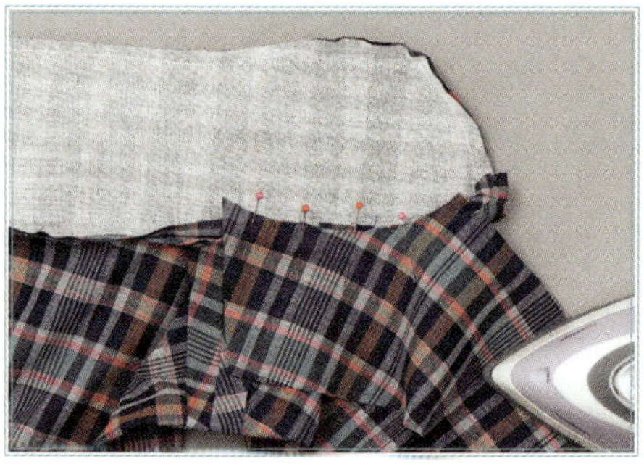

4 Den Besatz des Vorderteils links auf links entlang der Faltlinie des Schnittmusters falten, die Spitze des Besatzes überlappt den Kragen. Die Spitze des Besatzes abstecken und über die Naht der vorherigen Etappe steppen.

5 Einen 1,5 cm breiten Umschlag am Innenrand der zweiten Stoffschicht falten und per Hand im Saumstich schließen. In diese Naht den abgerundeten Rand der Besatzstücke integrieren. Den Kragen an den Außenkanten 3 mm vom Rand absteppen.

6 Auf der linken Seite den Besatz in Höhe der Schulternaht falten und per Hand mit einigen Saumstichen an der Schulternaht fixieren.

7 Die Nahtzugaben an den Armausschnitten auf 1 cm von der Nahtlinie zurückschneiden. Die Rundung einschneiden. Das Schrägband mit dem Bügeleisen längs in der Mitte falten, dann um die Armausschnitte stecken und mit der Nähmaschine (Paspelfuß) absteppen.

8 Vorder- und Rückenteile rechts auf rechts übereinanderlegen. Abstecken, dabei die Markierungen deckungsgleich legen. 1,5 cm vom Rand absteppen. Die Nähte auseinanderbügeln.

9 Das Schrägband an den Armausschnitten nach innen umschlagen und per Hand mit einigen Saumstichen fixieren.

10 Unten an der Bluse einen Saum umbügeln. Einen ersten Umschlag von 1 cm und einen zweiten von 1,5 cm. Danach feststecken.

11 Die Besatzteile unten an der Bluse aufschlagen, den Saum der Bluse fertig umbügeln und zusammenheften. Die Besatzteile wieder umschlagen. Den unteren Blusensaum 1 cm vom Rand entfernt absteppen.

12 Auf den Vorderteilen 2 cm vom Rand entfernt fünf Knöpfe gleichmäßig verteilen, den ersten Knopf unter dem Kragen, die folgenden Knöpfe im Abstand von jeweils 9 cm. Die Stellen mit Stecknadeln markieren.

13 Die fünf Druckknopfteile mit der Vertiefung unter der rechten Seite der Bluse anbringen. Mit zwei Rückstichen im Stoff des Besatzes fixieren. In die vier Löcher drei Rückstiche nähen und zum Abschluss zwei Rückstiche unter dem Druckknopf nähen.

14 Die Druckknopfteile mit Kopf genau gegenüber annähen, und zwar auf der Oberseite des linken Blusenteils. Die Druckknöpfe annähen wie zuvor beschrieben.

15 Auf der Vorderseite des rechten Blusenteils genau über dem Druckknopfteil mit Vertiefung je einen Zierknopf annähen.

KAPITEL 3

Lektion 12

KNOPF-
SCHLAUFEN
NÄHEN

LEKTION 12

KNOPFSCHLAUFEN NÄHEN*

Aufgabe: Nähen einer Kurzjacke

Fertigschnittmuster → Bogen B • Zuschneideplan → Seite 106
Nähen → Seite 107 und 108

MATERIAL

einfarbiger Wollstoff, 175 x 140 cm breit

2 überziehbare Knöpfe, 36 mm Durchmesser

passendes Nähgarn

Kräuselfaden

Stecknadeln

Stoffschere

Seidenpapier

Bleistift

Lineal

1 lange Nadel (Typ Quiltnadel)

1 Sticknadel für dickes Garn

Aufbügelvlies

GRÖSSEN

S – 34/36

M = 38/40

L = 42/44

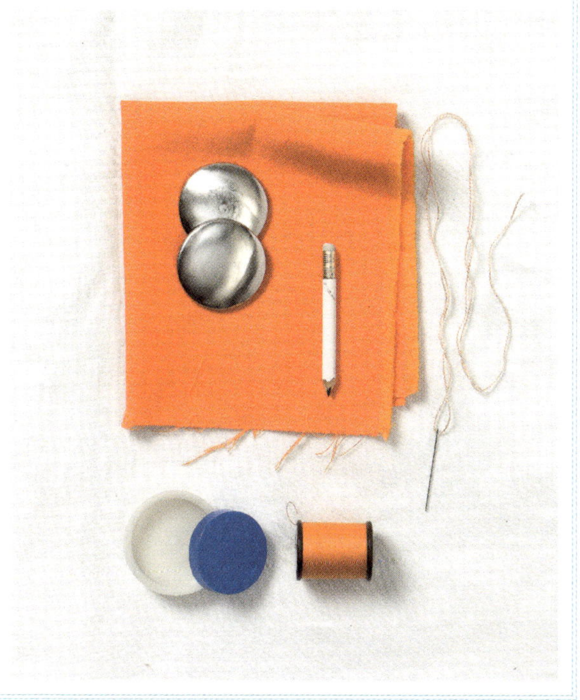

* Knopfschlaufen, die aus dem Stoff zugeschnitten oder aus einer Kordel oder Schrägband angefertigt werden, ersparen die Knopflöcher. Knopfschlaufen sind entweder sichtbar, wie bei diesem Modell einer Kurzjacke, oder völlig unauffällig innen in einem Rock- oder Hosenbund angebracht.

KURZJACKE

1/Aufzeichnen

Die Schnittmusterteile auf dem beigefügten Bogen B suchen, auf Seidenpapier übertragen und ausschneiden. Auf alle Teile auch die Markierungen übertragen.

2/Zuschneiden

Den Stoff in der Mitte falten und die Schnittmusterteile unter Berücksichtigung des Fadenlaufs auf den Stoff legen. Die Umrisse der Teile mithilfe des Kohlepapiers, des Kopierrädchen und des Lineals übertragen. 1,5 cm von der Linie entfernt zuschneiden.

Zuschneideplan

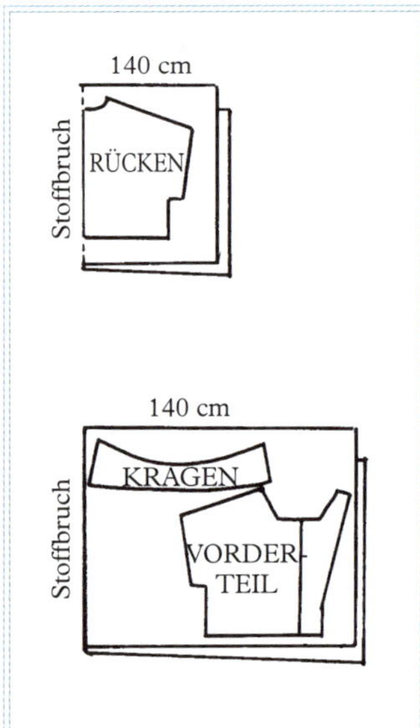

Die Säume

Kleidungsstücke verlangen eine tadellose Fertigstellung, damit sie sich im Gebrauch nicht verformen. Dabei ist die Innenseite kaum weniger wichtig als die Außenseite. Daher wird im vorliegenden Buch grundsätzlich empfohlen, einen Saum mit einem einfachen Umschlag zu nähen, wenn es beispielsweise um einen Besatz oder Kragen geht und mit einem doppelten Umschlag, wenn es um das untere Ende eines Kleids, Rocks oder der Ärmel geht. Nachfolgend einige wichtige Grundsätze für Säume:

Saum mit einfachem Umschlag
Auf der Stoffrückseite die Höhe des Saums mit Stecknadeln über den gesamten Rand abstecken. Danach den Rand bis zu dieser Markierung umbügeln. Abstecken, dann absteppen.

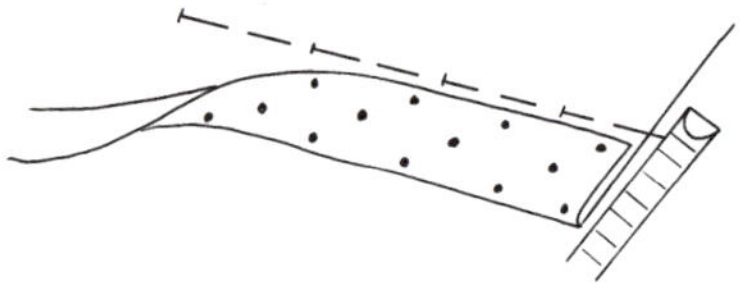

Saum mit doppeltem Umschlag
Für den ersten Teil des Saums einen ersten Umschlag legen wie beim Saum mit einfachem Umschlag. Nun einen zweiten Umschlag legen, der etwas (mindestens 5 mm) breiter sein sollte als der erste. Abstecken, dann absteppen.

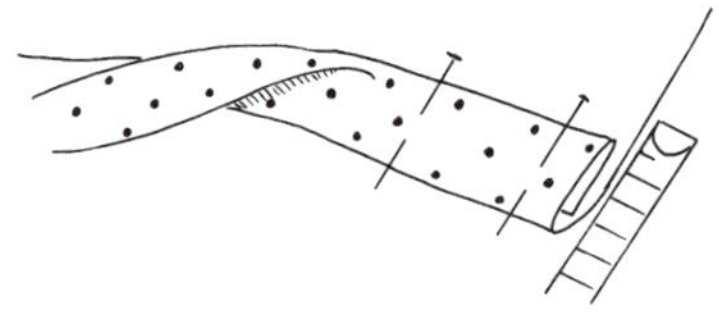

3/Nähen

Das Aufbügelvlies auf die Besatzteile an den Vorderteilen und auf ein Kragenteil bügeln. Die Teile versäubern. Vorder- und Rückenteile an den Schultern zusammennähen. Aus dem Stoff zwei Knopfschlaufen nähen. Die Knopfschlaufen mit Stecknadeln am Kragen befestigen, den Kragen zusammen- und an die Jacke nähen.

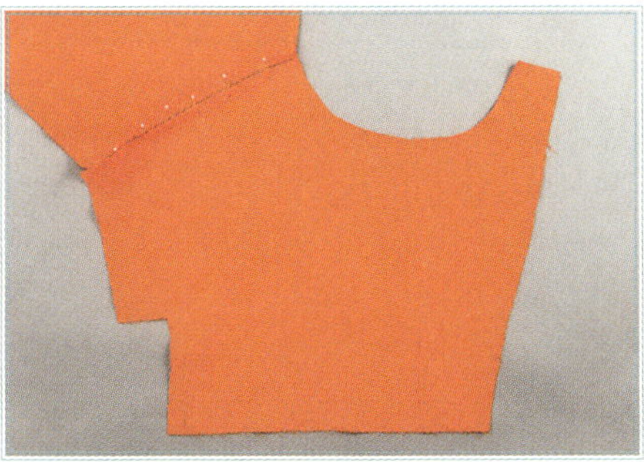

1 Vorder- und Rückenteile rechts auf rechts an den Schultern zusammenstecken und absteppen. Die Nähte auseinanderbügeln.

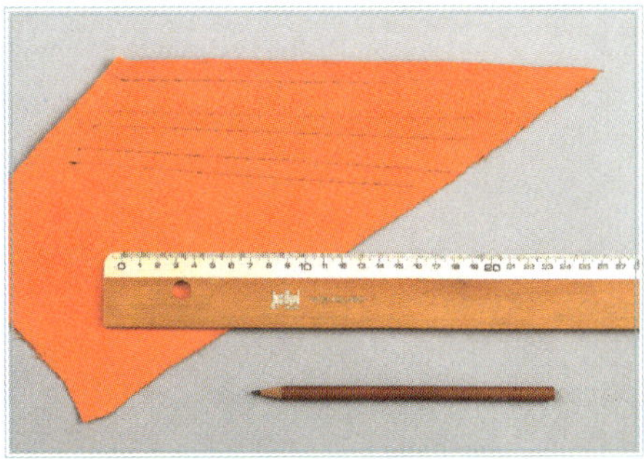

2 Auf einen Stoffrest mit Bleistift und Lineal zwei Rechtecke von 10 x 1,5 cm zeichnen. Diese Streifen schräg auf den Stoff zeichnen.

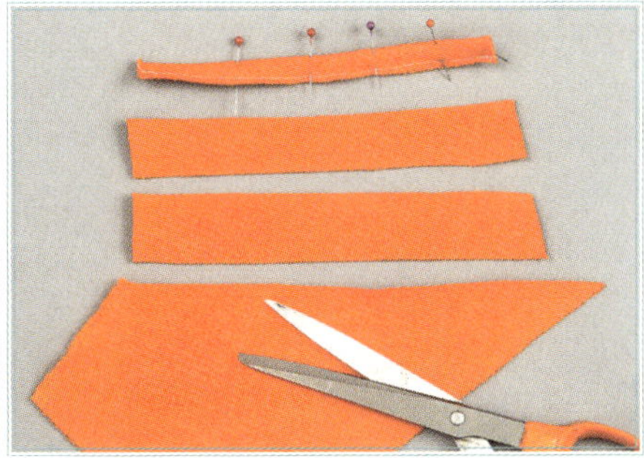

3 Die beiden Streifen 1 cm von der Linie entfernt zuschneiden. Die Streifen der Länge nach in der Mitte falten. Abstecken und auf der Linie absteppen. Die Nahtzugaben auf 3 mm von der Naht zurückschneiden.

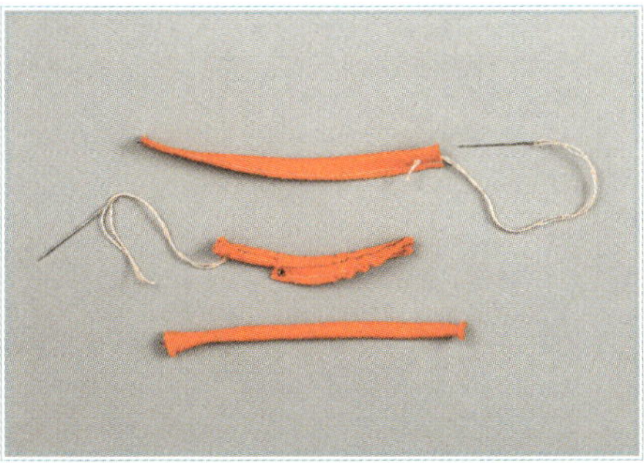

4 Dickes Stickgarn in die lange Nadel einfädeln und einen Knoten machen. Die Nadel an einem Ende der Knopfschlaufe einstechen, durch den Tunnel der Schlaufe ziehen, um das erste Ende nach innen zu ziehen und den Stoff auf rechts zu wenden.

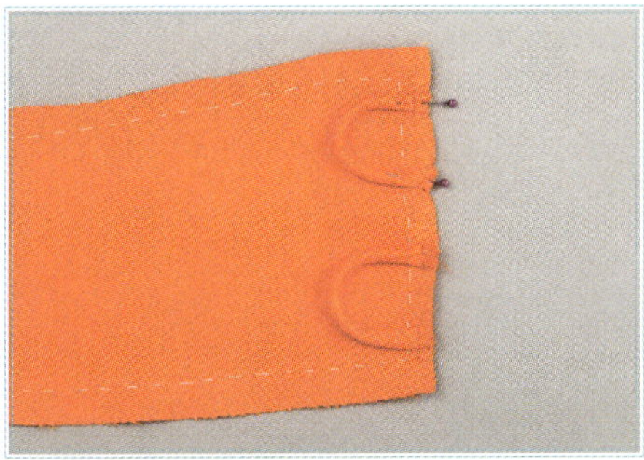

5 Die beiden Knopfschlaufen von rechts an den linken Rand der Kragenoberseite stecken, die Enden zeigen nach außen. Die Enden der Schlaufen auf die Nahtzugabe heften. Die fertigen Knopfschlaufen haben einen Durchmesser von 38 mm.

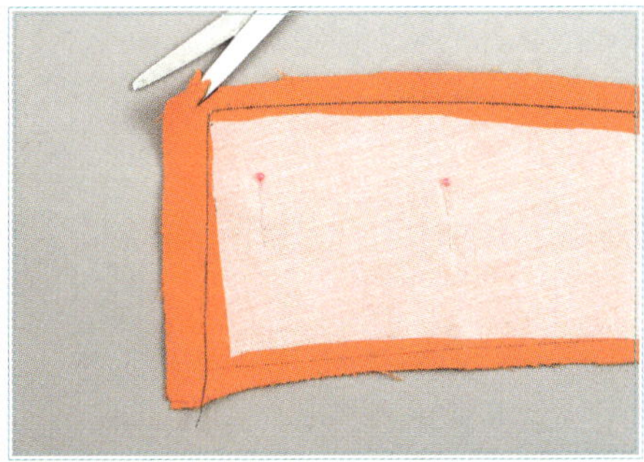

6 Die Kragenteile rechts auf rechts übereinanderlegen, an den Seiten und oben abstecken. 1,5 cm von den Rändern absteppen. Die Nahtzugaben auf 5 mm zurück-, die Ecken einschneiden. Auf rechts wenden, die offenen Ränder 1 cm umschlagen.

7 Den Rand des verstärkten Kragenteils rechts auf rechts mittig an den Halsausschnitt des Jackenrückenteils stecken. Die erste Stofflage des Kragens absteppen. Die Nahtzugabe auf 5 mm von der Naht zurückschneiden.

8 Links auf links den Besatz entlang der Faltlinie des Schnittmusters falten, die Spitze des Besatzes überlappt den Kragen. Die Rundung des Besatzes abstecken und auf der vorherigen Naht absteppen.

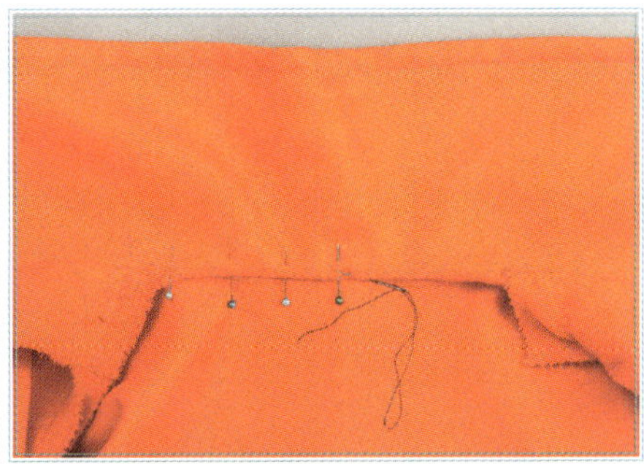

9 Den Rand der zweiten Stoffschicht des Kragens 1,5 cm umschlagen und per Hand im Saumstich schließen. In diese Naht die Rundung des Besatzes integrieren.

4/Fertigstellung

Die oberen Ränder der Besatzstücke an die Schulternähte nähen. Am unteren Rand der angeschnittenen Ärmel einen Saum umlegen und absteppen. Die Jacke unten einsäumen. Die Knöpfe mit Stoff überziehen und annähen.

10 Per Hand im Saumstich den oberen Teil des Besatzes an die Schulternaht nähen. Die Seitennähte der Jacke 1,5 cm vom Rand entfernt absteppen. Die Nähte auseinanderbügeln.

11 Am unteren Ärmelrand mit dem Bügeleisen zunächst einen 1 cm breiten Umschlag bügeln. Dann einen zweiten – 1,5 cm breiten – Umschlag bügeln. Feststecken und absteppen.

12 Die Besatzteile unten an der Jacke öffnen und um den unteren Jackenrand einen Saum umschlagen, danach heften. Die Besatzteile wieder umschlagen. Den Saum 3 mm von der Saumkante entfernt absteppen.

13 Auf einem Stoffrest mit einem Bleistift den Knopfumfang aufzeichnen. 5 mm von dieser Linie entfernt ausschneiden.

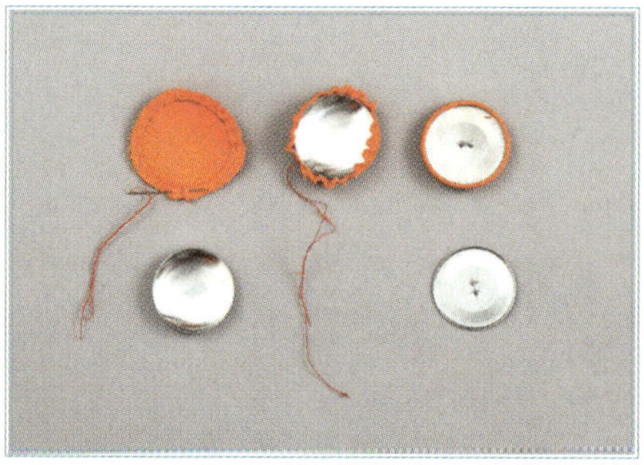

14 Einen Kräuselfaden durch den Rand der zuvor ausgeschnittenen Stoffkreise ziehen. Die Knopfkappe auf diesen Kreis legen und den Kräuselfaden zusammenziehen. Den Stoff gut glattziehen. Den flachen Knopfteil in die Vertiefung der gewölbten Knopfkappe drücken.

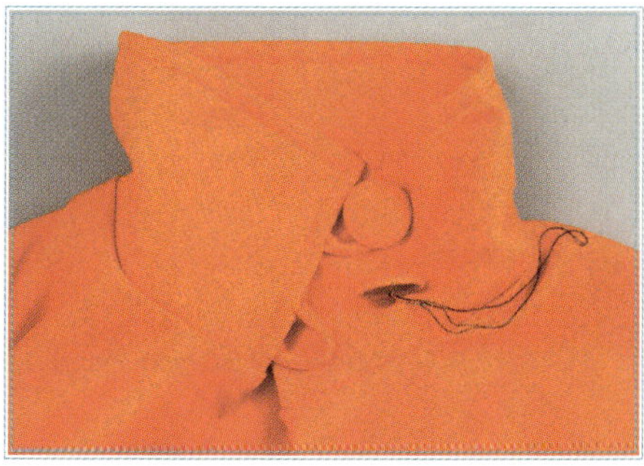

15 Die Knöpfe gegenüber von den Knopfschlaufen annähen. Mit doppeltem Faden und mehreren Rückstichen die Öse annähen.

KAPITEL 3

Lektion 13

EINEN TUNNEL-
BUND NÄHEN

LEKTION 13

EINEN TUNNELBUND NÄHEN*

Aufgabe: Nähen eines Unterrocks

Schemazeichnung und Zuschneideplan → Seite 112 • Nähen → Seite 113

MATERIAL

Broderie anglaise (Lochstickereistoff), 270 x 110 cm breit (S), (M) und (L)

1,60 m weißes Baumwollband, 2 cm breit

passendes Nähgarn

Kräuselfäden

Aufbügelband

Stecknadeln

Stoffschere

Rasterpapier, Quadrate mit 5 cm Seitenlänge

Bleistift

Lineal

GRÖSSEN

S = 34/36

M = 38/40

L = 42/44

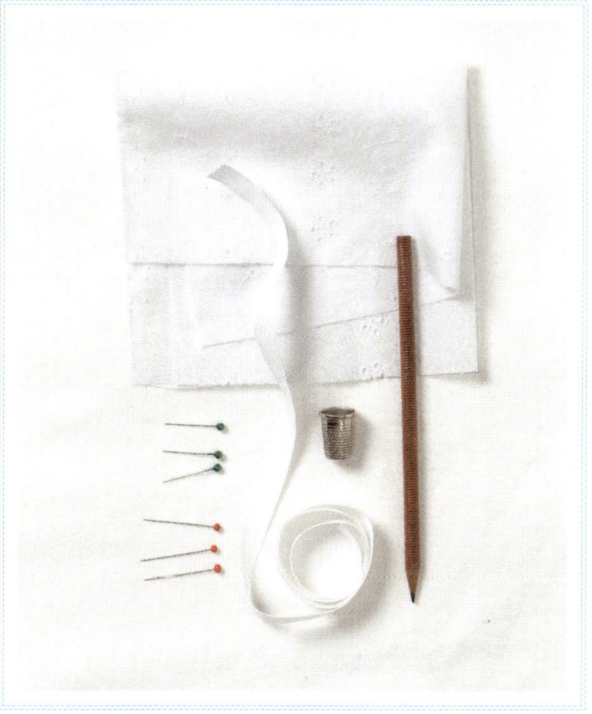

* Der Tunnelbund ist ein breiter Bund, der an beiden Enden offen ist und durch den eine Kordel gezogen wird. Damit kann bei Röcken und Hosen die Taillenweite reguliert werden, ohne dass ein Reißverschluss, Knopflöcher oder Haken angebracht werden müssen.

1/Aufzeichnen

Das Schnittmuster von der Schemazeichnung auf ein Rasterpapier mit Quadraten von 5 cm Seitenlänge übertragen, anschließend die Markierungen übertragen. Nun die verschiedenen Teile zuschneiden.

2/Zuschneiden

Den Stoff in der Mitte falten und die Schnittmusterteile unter Berücksichtigung des Fadenlaufs auf den Stoff legen. Die Umrisse der Teile mittels Kreide und Lineal übertragen. 1,5 cm von der Linie entfernt zuschneiden.

Schemazeichnung

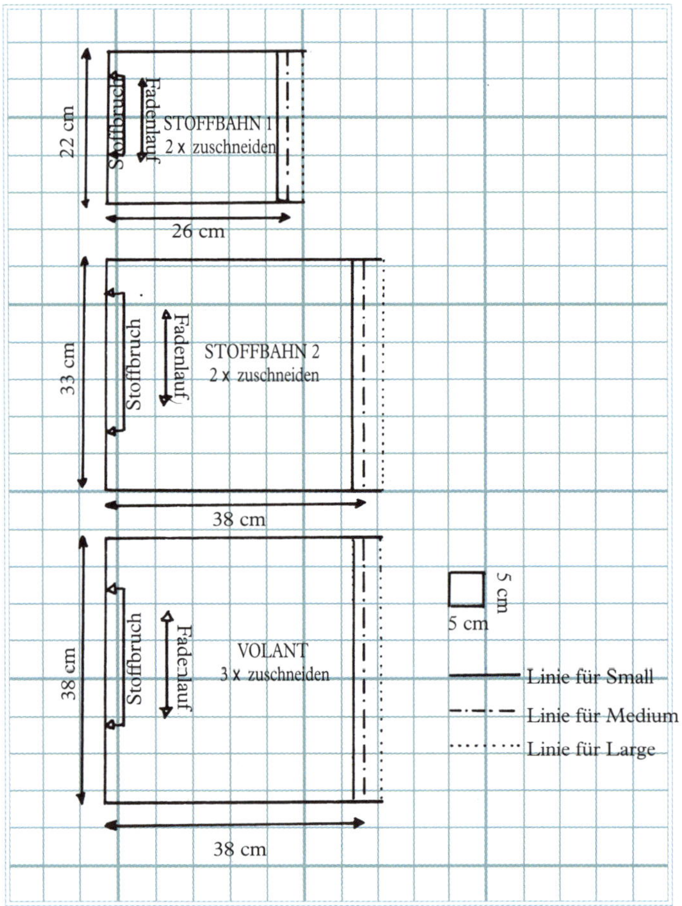

Zuschneideplan

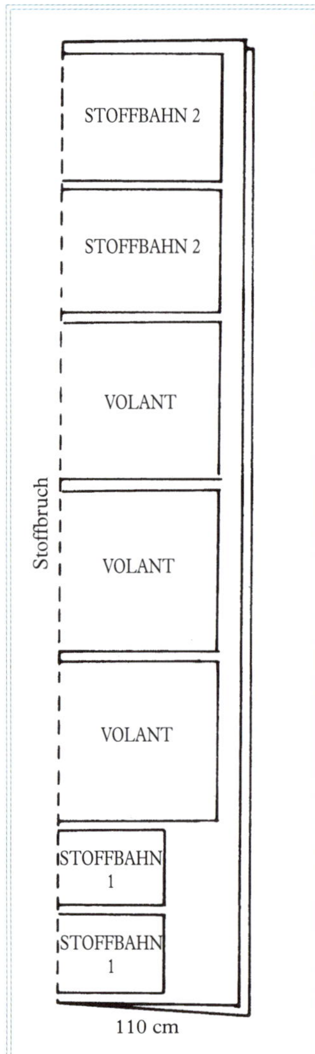

3/Nähen

Die Ränder der Teile versäubern. Die Volants nähen und Kräuselfäden einziehen. Einen Tunnelbund mit zwei Öffnungen am Vorderteil nähen und ein Band durchziehen. Den Unterrock unten säumen.

1 Die beiden Teile von Stoffbahn 1 rechts auf rechts aufeinanderlegen. Die Seiten zuerst zusammenstecken, dann absteppen. Die Nähte auseinanderbügeln.

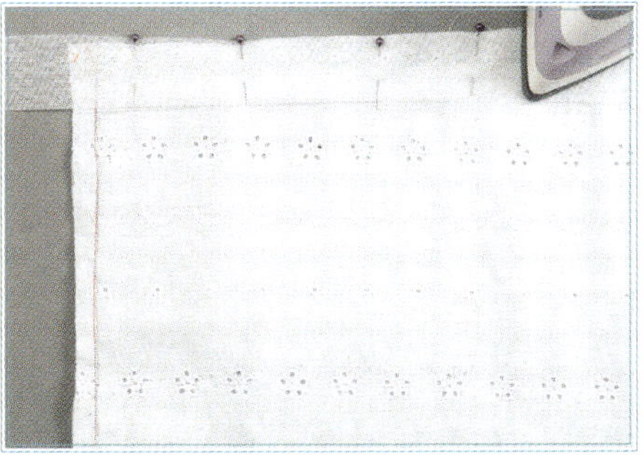

2 Das Aufbügelband am oberen Rand auf die Rückseite dieser Stoffbahn legen. Feststecken, dann aufbügeln. Von der Mitte zu den Seiten des Streifens hin arbeiten. Die Stecknadeln herausnehmen.

3 Die drei Volants nacheinander zusammennähen. Die beiden Teile der Stoffbahn 2 rechts auf rechts übereinanderlegen. Die Seiten abstecken, dann absteppen und den Streifen der zusammengenähten Volants in der Mitte falten. Die Nähte auseinanderbügeln.

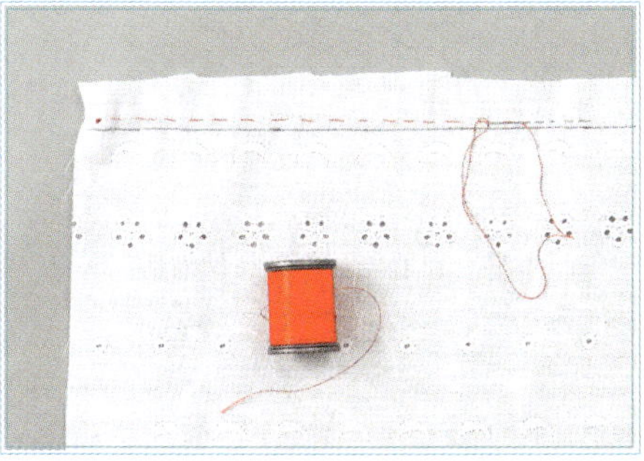

4 Um den oberen Rand der Stoffbahn 2 und des Volants zu kräuseln, einen Kräuselfaden direkt über der Nahtlinie durch die Nahtzugabe ziehen. An dem Faden ziehen, um den Stoff zu kräuseln.

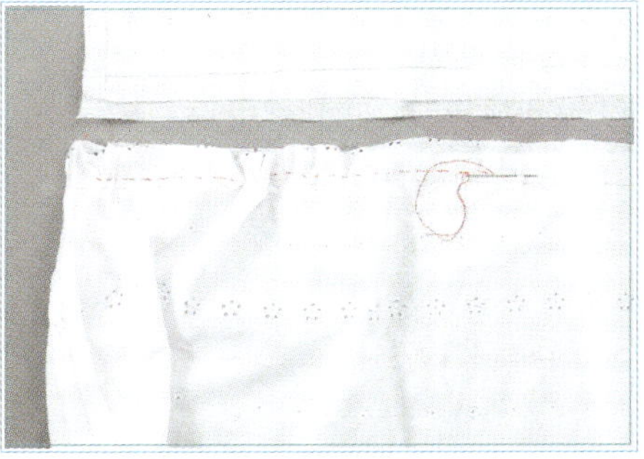

5 Den Umfang des oberen Randes von Stoffbahn 2 an den Umfang des unteren Randes von Stoffbahn 1 anpassen. Zum Fixieren der Kräuselfalten zwei Rückstiche nähen. Die Kräuselfalten über den gesamten Umfang gleichmäßig verteilen.

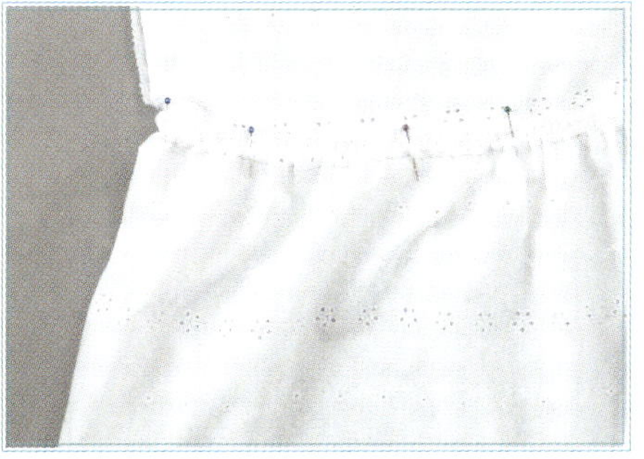

6 Die obere Kante von Stoffbahn 2 mit Stecknadeln rechts auf rechts an die untere Kante von Stoffbahn 1 stecken. 1,5 cm vom Rand entfernt absteppen. Die Nahtzugaben nach oben umschlagen. So auch den Volant kräuseln und an Stoffbahn 2 nähen.

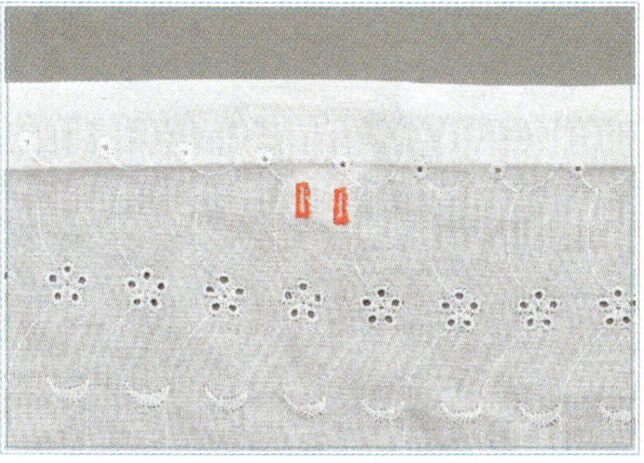

7 Den Tunnelbund in der Taille herstellen: zuerst einen Umschlag von 1 cm, dann einen zweiten Umschlag von 3 cm umbügeln. Den Tunnel auffalten und in der Mitte auf der rechten Seite des Vorderteils mit der Maschine zwei 1,5 cm hohe Knopflöcher sticken.

8 Den Tunnel wieder umschlagen und 2 mm von der Umschlagkante entfernt absteppen. Mithilfe einer Sicherheitsnadel ein Band durchziehen.

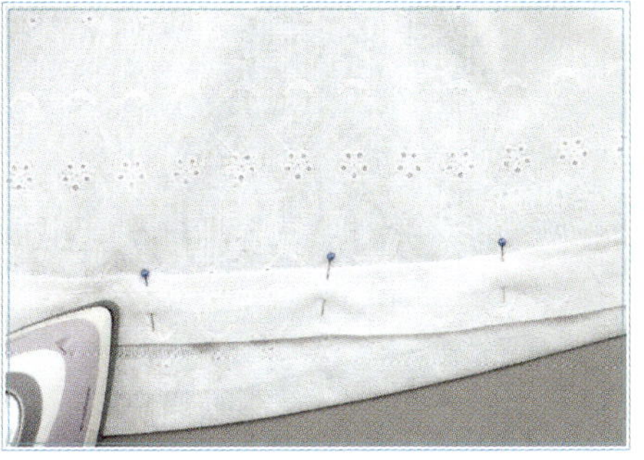

9 Mit dem Bügeleisen einen ersten Umschlag von 1 cm unten am Unterrock umbügeln, dann einen zweiten Umschlag von 3,5 cm. Feststecken, dann 2 mm von der Saumkante entfernt absteppen.

KAPITEL 3

Lektion 14

KNOPFLÖCHER

LEKTION 14

KNOPFLÖCHER*

Aufgabe: Nähen einer langärmligen Hemdbluse

Fertigschnittmuster → Bögen A und B • Zuschneideplan → Seite 116
Nähen → Seite 117 und 118

MATERIAL

bedruckter Baumwollstoff, 215 x 110 cm breit (S), 250 x 140 cm breit (M) und (L)

7 farblich passende Knöpfe mit 2 Löchern, 18 mm Durchmesser

passendes Nähgarn

Aufbügelvlies

Stecknadeln

Stoffschere

Seidenpapier

Bleistift

Lineal

GRÖSSEN

S = 34/36

M = 38/40

L = 42/44

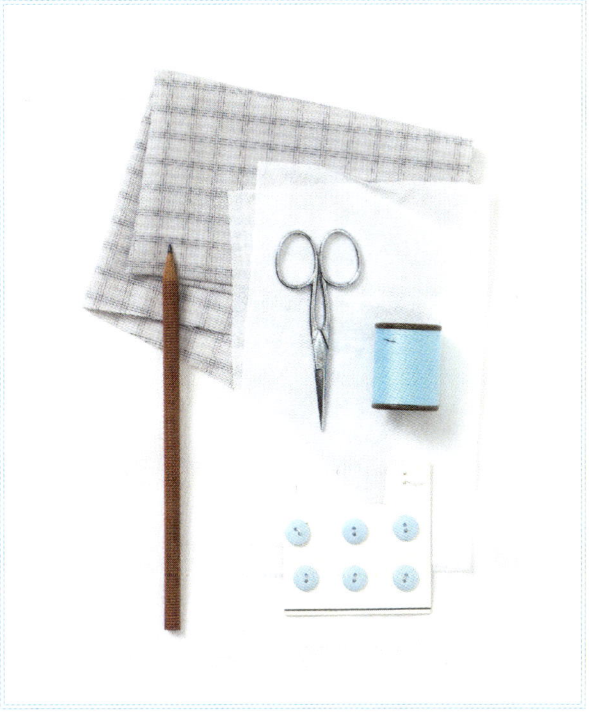

* Nähmaschinen bieten verschiedene Knopflochvarianten an, die bei dickeren Stoffen waagerecht, bei leichteren Stoffen senkrecht gestickt werden. Die Länge des Knopflochs entspricht unabhängig von der Form dem Durchmesser des Knopfes plus 2 mm.

LANGÄRMLIGE HEMDBLUSE

1/Aufzeichnen

Die Teile auf den beigefügten Bögen A und B suchen, auf Seidenpapier übertragen und ausschneiden. Auf alle Teile auch die Markierungen übertragen.

2/Zuschneiden

Den Stoff in der Mitte falten und die Schnittmusterteile unter Berücksichtigung des Fadenlaufs auf den Stoff legen. Die Umrisse der Teile mittels Bleistift, Kopierrädchen und Lineal übertragen. 1,5 cm von der Linie entfernt zuschneiden.

Zuschneideplan

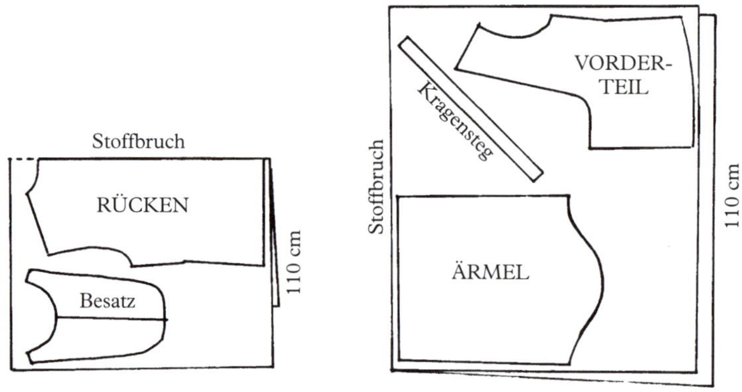

Den Kragensteg in Form bringen

Bei Schritt 6 ist es nötig, den schräg zugeschnittenen Kragensteg mit dem Bügeleisen in Form zu bringen, um das Annähen zu erleichtern. Durch das schräge Zuschneiden ist dieser Streifen elastisch.

* Das Bügeleisen auf „Baumwolle" einstellen. Den ersten Umschlag legen, der in die konvexe Rundung des Halsausschnitts gehört. Den Umschlag mit der Spitze des Bügeleisens in Form bringen, dabei den Stoff zusammenschieben, ohne zu ziehen.

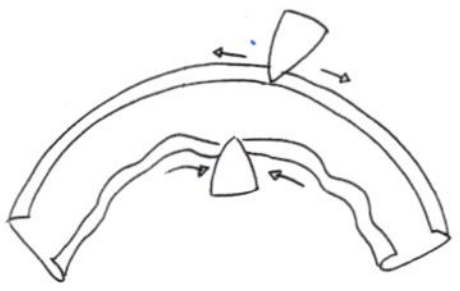

* Bei der zweiten Kante hingegen wird der Stoff beim Bügeln des Umschlags gezogen. So nimmt der Streifen ganz natürlich eine runde Form an. Anschließend den Streifen ansetzen wie in Schritt 6 beschrieben.

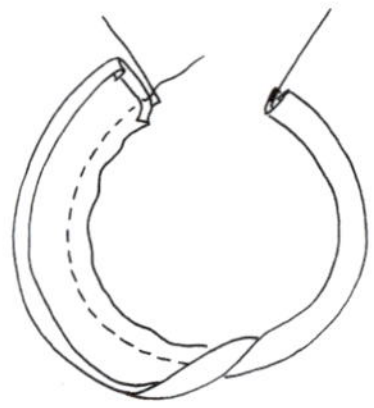

3 / Nähen

Die Ränder der Teile versäubern. Mit dem Bügeleisen die Knopfleisten an den Vorderteilen umbügeln und die Einsätze einfügen. Rückenteil und Vorderteile an den Schultern zusammennähen. Um den Halsausschnitt einen Schrägstreifen (Kragensteg) nähen. Die Ärmel in die Armlöcher einsetzen und absteppen. Ärmel- und Seitennähte schließen.

1 Entlang der Faltlinie den Besatz der Knopfleiste an den Vorderteilen nach links umschlagen und glattbügeln. Das Aufbügelvlies auf den Besatz des Einsatzes aufbügeln.

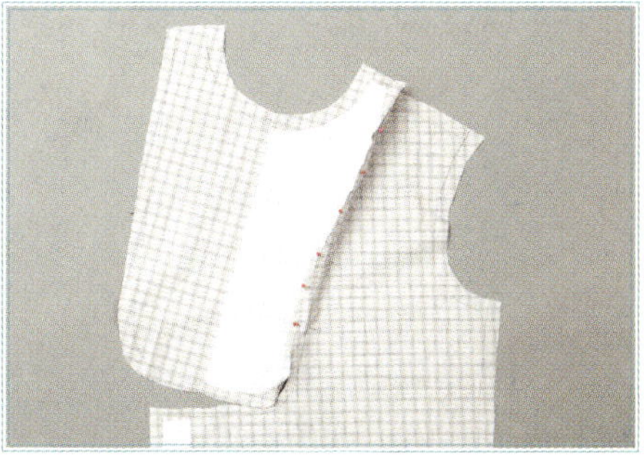

2 Die Einsätze in Verlängerung der Knopfleiste rechts auf rechts und Mittellinie an Mittellinie auf die Vorderteile heften. Entlang der Linie absteppen. Die Nahtzugaben auf 5 mm kürzen.

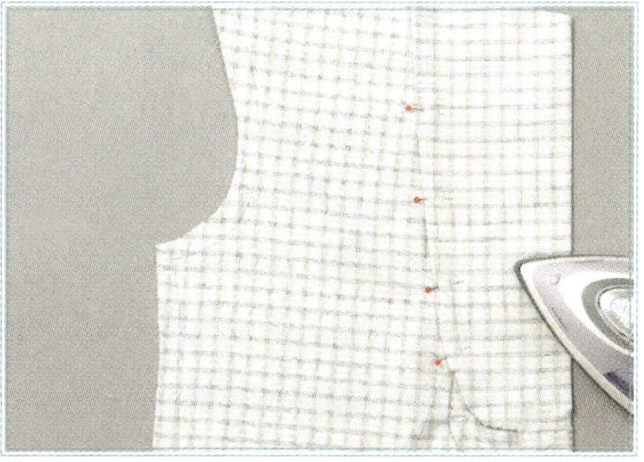

3 Den anderen Teil der Einsätze entlang der Faltlinie nach innen umschlagen. Entlang der Besatzkante einen 1 cm breiten Umschlag nach links legen und per Hand im Saumstich die Innenränder der Einsätze fixieren.

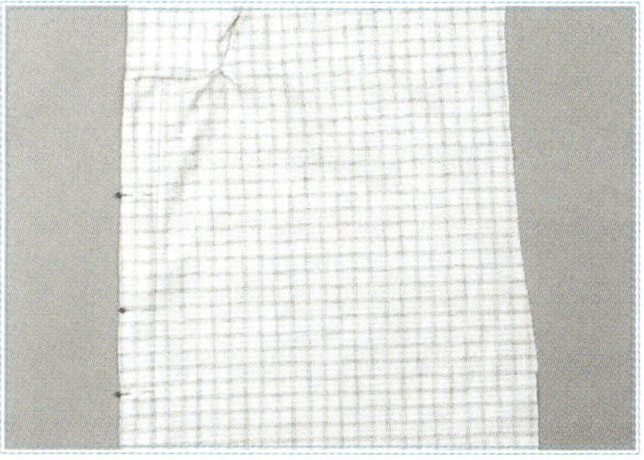

4 Von rechts die Knopfleiste der Hemdbluse 3 cm vom Rand entfernt absteppen, dabei unten beginnen.

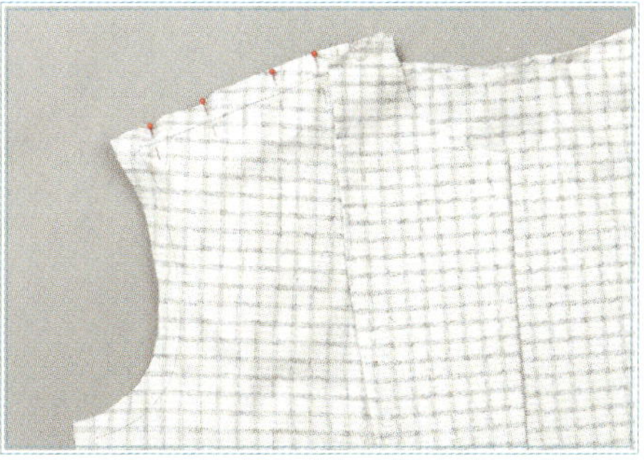

5 Rück- und Vorderteile rechts auf rechts aufeinanderlegen und die Schulternähte 1,5 cm vom Rand entfernt absteppen. Die Nähte auseinanderbügeln.

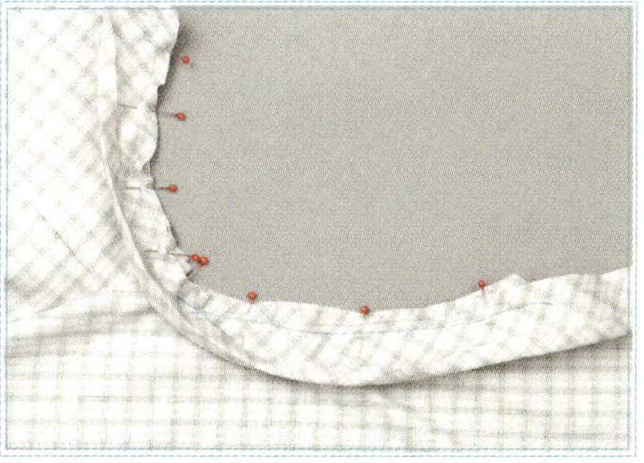

6 Die Nahtzugaben am Halsausschnitt auf 1 cm über der Naht zurück-, die Rundung einschneiden. Die Ränder des Schrägstreifens 1 cm umbügeln, dann mit Stecknadeln rechts auf rechts an den Halsausschnitt stecken. In der ersten Falte rundum absteppen.

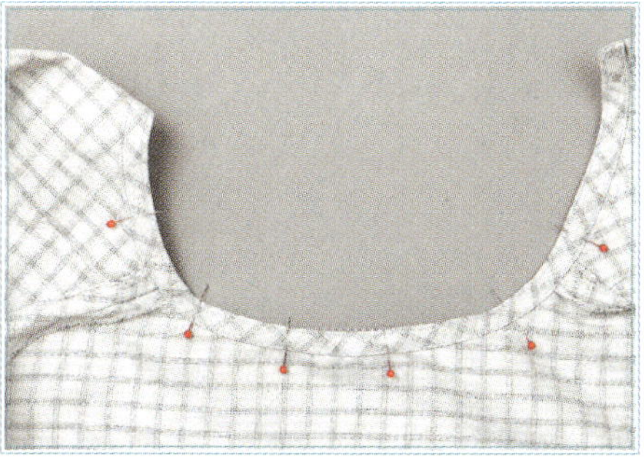

7 Den Schrägstreifen (Kragensteg) um den Rand des Halsausschnitts nach innen umschlagen. Festheften und 3 mm von der Umschlagkante entfernt absteppen.

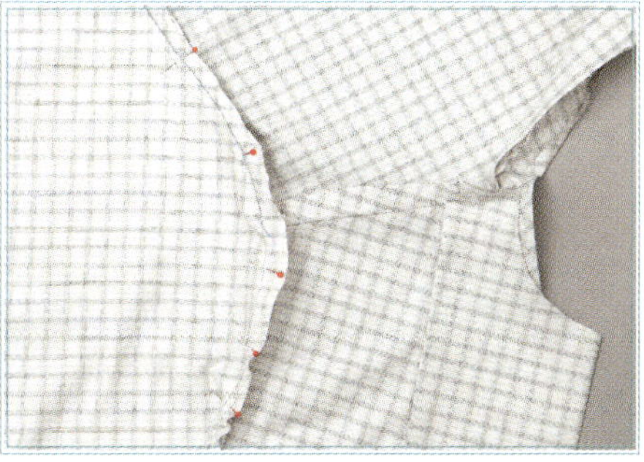

8 Die Armkugeln rechts auf rechts in den Ärmelausschnitten feststecken, dabei sollen die Nahtzugaben der Schulternaht übereinanderliegen. 1,5 cm von den Rändern absteppen. Die Nahtzugaben auf 1 cm über der Nahtlinie zurückschneiden, die Nähte auseinanderbügeln und die Ränder versäubern.

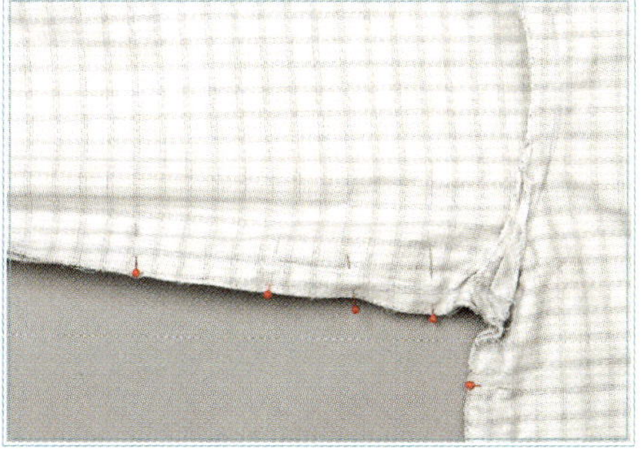

9 Die Ärmel rechts auf rechts zusammenfalten. Die unteren Ärmelnähte sowie die Seitennähte der Hemdbluse abstecken. 1,5 cm von den Rändern entfernt absteppen. Die Nähte auseinanderbügeln.

4/Fertigstellung

Die Abschlussarbeiten: unten an den Ärmeln einen breiten Saum nähen. Die Hemdbluse unten einsäumen. Sieben Knopflöcher sticken und die Knöpfe annähen.

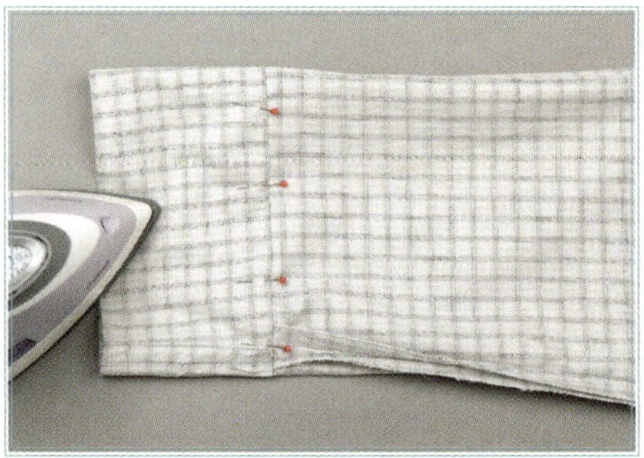

1 Den Ärmelsaum umbügeln. Einen ersten Umschlag von 1,5 cm und einen zweiten von 10 cm bilden. Abstecken, dann 3 mm von der gesteckten Kante entfernt absteppen.

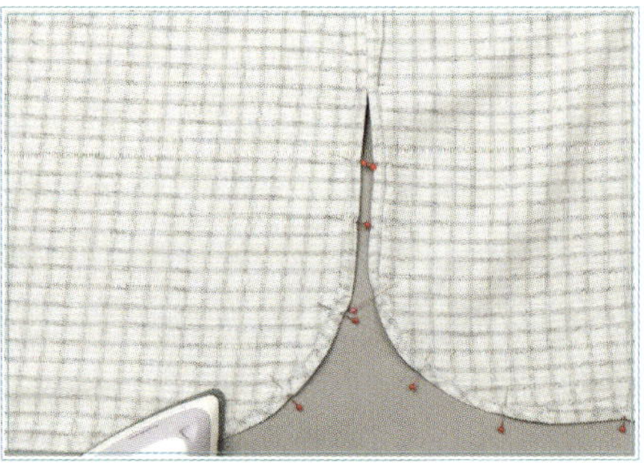

2 Einen Umschlag an den Seitenschlitzen bügeln. Einen ersten Umschlag von 5 mm, einen zweiten von 7 mm umbügeln. Diesen Saum am Rücken der Bluse und bis zur Knopfleiste der Vorderteile fortsetzen. Die Säume 3 mm von der Kante absteppen.

3 Auf dem Einsatz vier Knopflöcher 2 cm vom Rand weg verteilen, eins unter dem Halsausschnitt, die weiteren im Abstand von je 9 cm. Stecknadeln als Markierung nutzen. Unterhalb des Einsatzes drei Knopflöcher in je 5 cm Abstand markieren.

4 Den Knopflochfuß in die Nähmaschine einsetzen und die Größe der Knopflöcher an den Durchmesser der Knöpfe anpassen. Den Zickzackstich so eng wie möglich einstellen. Ein erstes Knopfloch zur Probe in einen Stoffrest sticken.

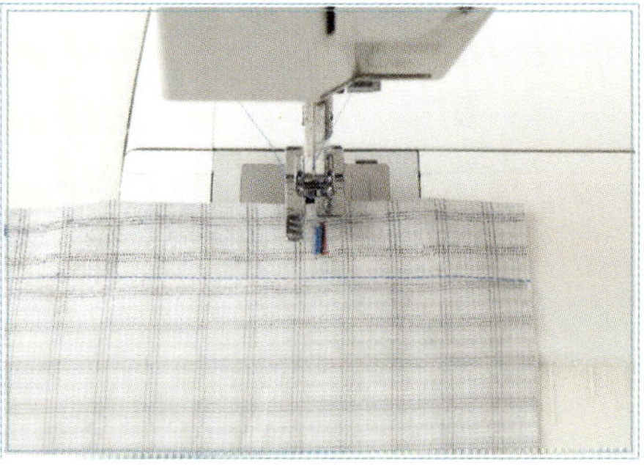

5 Das Knopfloch an der Blusenkante mit einem Bleistift markieren. Den ersten Rand des Knopflochs in der gewünschten Länge sticken.

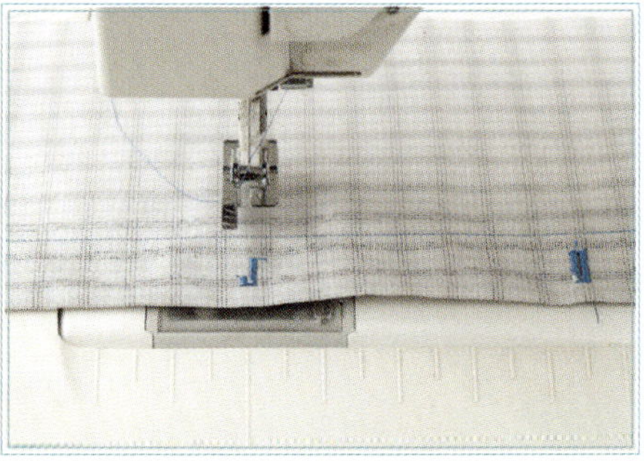

6 Bei einigen Nähmaschinen muss man den Stoff drehen, um das andere Knopflochteil zu sticken. Hierzu die Nadel im Stoff stecken lassen, den Nähfuß anheben und den Stoff drehen.

7 Das Knopfloch mit einigen quer verlaufenden Zickzackstichen beenden.

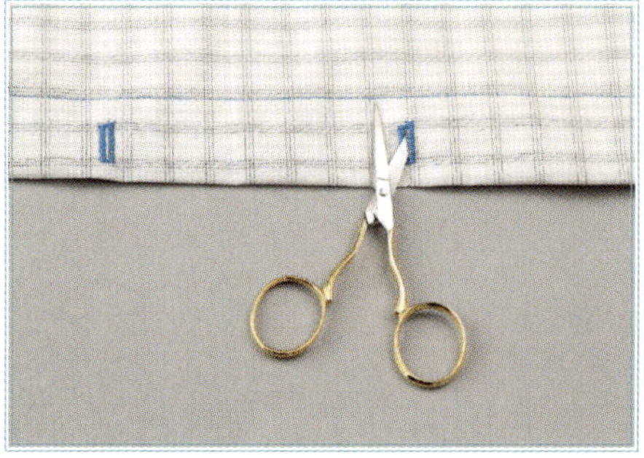

8 Das Knopfloch mit einer schmalen Schere (zum Beispiel einer Stickschere) öffnen. Die Klinge in die Mitte des Knopflochs stechen und den Stoff zwischen den beiden Stichreihen aufschneiden.

9 Die Knöpfe genau gegenüber von den Knopflöchern auf der anderen Blusenseite annähen. Hierzu den Faden doppelt nehmen. Mit zwei Rückstichen beginnen und enden, um den Faden gut im Stoff zu fixieren.

KAPITEL 3

Lektion 15

EINEN REISS-
VERSCHLUSS
EINSETZEN

EINEN REISSVERSCHLUSS EINSETZEN*

Aufgabe: Nähen einer Umhängetasche

Schemazeichnung und Zuschneideplan → Seite 122 • Nähen → Seite 124 und 125

MATERIAL

doppelseitiger Jeansstoff in Schwarz und Weiß, 110 x 110 cm

1 schwarzer Reißverschluss, 45 cm lang

2 D-Ringe mit Karabinerhaken aus Metall, 3,5 cm breit

1 m Kunstlederband, 3 cm breit

20 cm rotes Band, 3 cm breit

passendes Nähgarn

Stecknadeln

Stoffschere

Kopierrädchen

farbiges Kohlepapier

Rasterpapier, Quadrate mit 5 cm Seitenlänge

Lineal

* Reißverschlüsse gibt es in mehreren Längen, verschiedenen Materialien und vielen Farbtönen. Man wählt einen Reißverschluss je nach Stoff und Art des Kleidungsstücks oder Accessoires, in das er eingesetzt werden soll. Die Öffnung, in die der Reißverschluss genäht wird, muss etwa 2 cm länger sein als der gezahnte Teil des Reißverschlusses.

UMHÄNGE-
TASCHE

1/Aufzeichnen

Das Schnittmuster von der Schemazeichnung auf ein Rasterpapier mit Quadraten von 5 cm Seitenlänge übertragen, anschließend die Markierungen übertragen. Nun die verschiedenen Teile ausschneiden.

2/Zuschneiden

Die Schnittmusterteile unter Berücksichtigung des Fadenlaufs auf den Stoff legen. Die Umrisse der Teile mittels Kohlepapier, Kopierrädchen und Lineal aufzeichnen. Auf dieser Linie ausschneiden.

Schemazeichnung

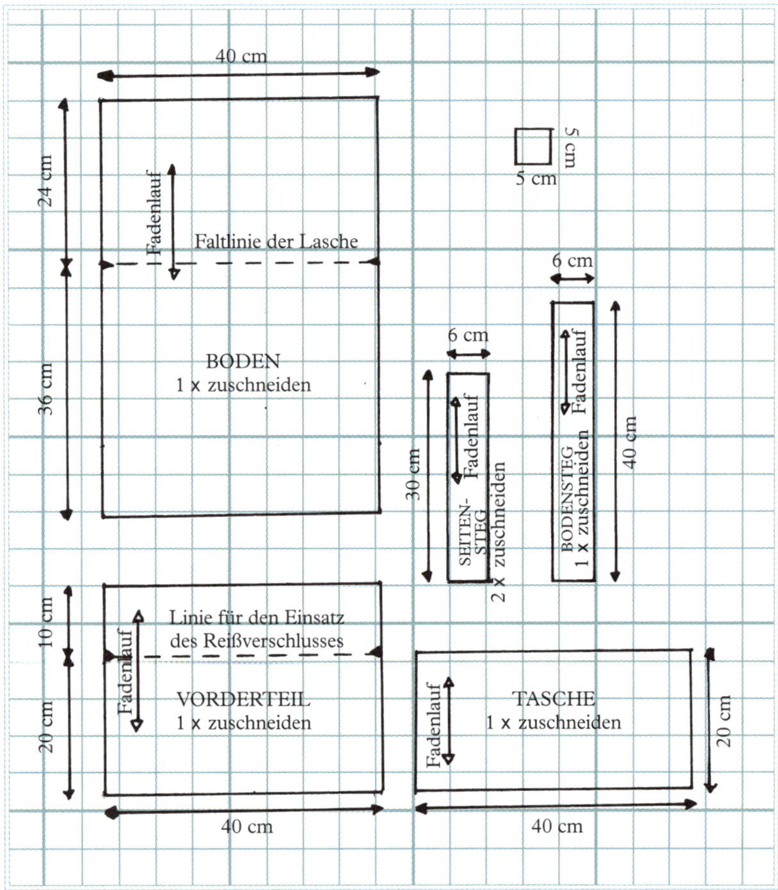

Zuschneideplan

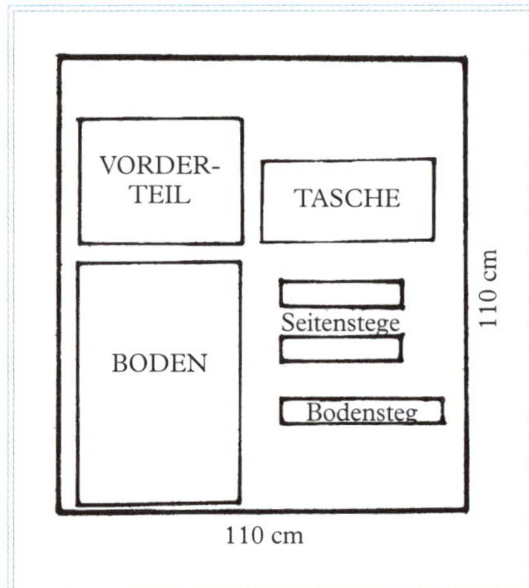

Das Anbringen von Karabinerhaken

Das Anbringen von Karabinerhaken ist nicht schwierig. Die Bänder können durch den Stoff ersetzt werden, mit dem auch die Tasche genäht wird, allerdings muss man sicherstellen, dass der Stoff fest genug ist, um das Gewicht der Tasche und ihres Inhalts zu tragen. Karabinerhaken und D-Ringe bekommt man in Kurzwarenläden. Wer Ledergurte anbringen möchte, bittet am besten seinen Schuhmacher, sie anzunähen.

3/Nähen

Die Teile versäubern. Den Reißverschluss auf Vorder- und Rückseite der Umhängetasche einsetzen und aufnähen. Die Stege zusammensetzen, dann das Ganze vorne auf die Tasche nähen. Das Rückenteil an die Stege stecken und absteppen. Die Lasche rundum säumen und dabei in der Mitte der Lasche ein in der Mitte gefaltetes Band mit einnähen.

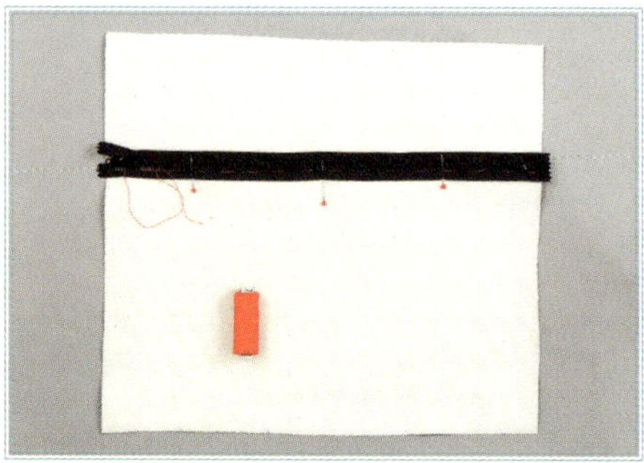

1 Das eine Band des Reißverschlusses auf Höhe der gepunkteten Linie rechts auf rechts mit Stecknadeln auf das Vorderteil der Umhängetasche (weiße Seite) stecken. Heften, dann steppen.

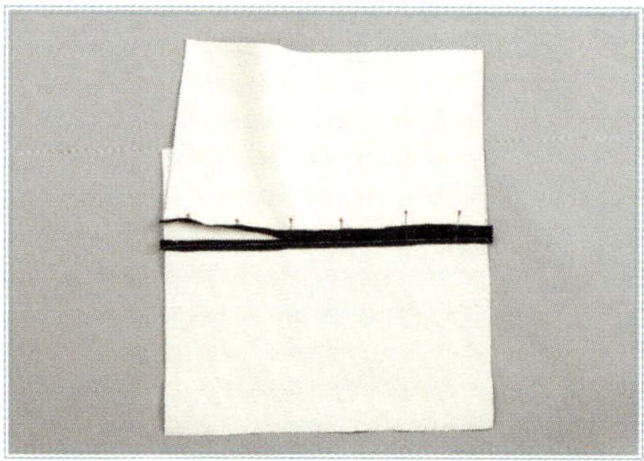

2 Nun die Tasche rechts auf rechts auf das zweite Reißverschlussband legen. Heften. Den Reißverschluss öffnen und das Band von links absteppen.

3 Die Tasche nach rechts umschlagen, dabei kommt der Reißverschluss von selbst oben auf der Tasche zu liegen. Die Seiten der Tasche in den Nahtzugaben abstecken, dann absteppen.

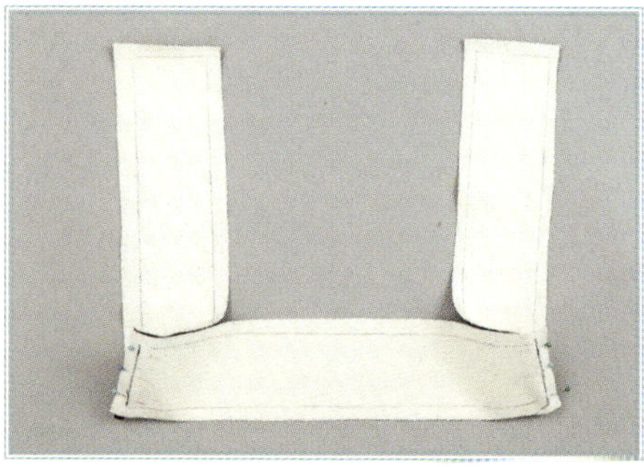

4 Die beiden Seitenstege rechts auf rechts an den Bodensteg stecken. Auf der Linie absteppen, dann die Nähte auseinanderbügeln.

5 Die Stege rechts auf rechts an die Vorderseite der Umhängetasche stecken. Zuerst den Bodensteg, dann die Seitenstege absteppen. Die Nähte auseinanderbügeln.

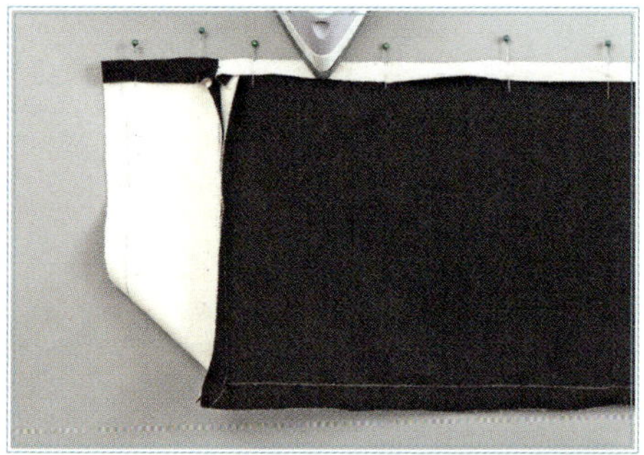

6 Mit dem Bügeleisen oben an den Seitenstegen und oben an der Vorderseite einen 1 cm breiten Umschlag bügeln. Abstecken, dann 5 mm vom Rand entfernt von rechts absteppen.

7 Das Rückenteil der Umhängetasche rechts auf rechts mit den Stegen verbinden. Wie bei Schritt 5 vorgehen. Die Nähte auseinanderbügeln und die Umhängetasche auf rechts wenden.

8 Nun einen 1 cm breiten Umschlag um die Taschenklappe bügeln. Die Ecken um 90 Grad umschlagen. Abstecken, dann absteppen. An der Nähmaschine den Dreifach-Steppstich einstellen und 5 mm von den Rändern entfernt steppen.

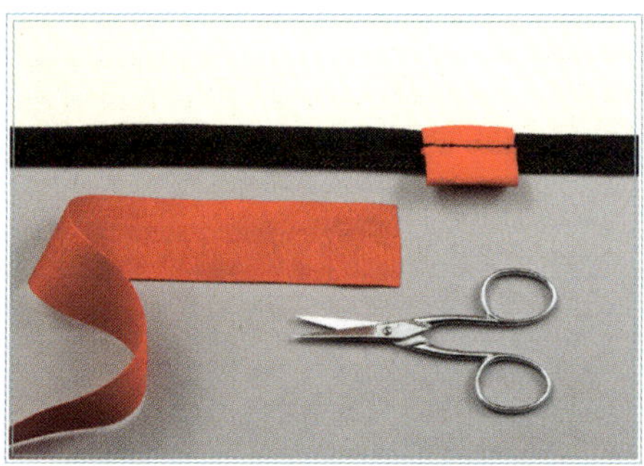

9 Von dem roten Band 4 cm abschneiden, in der Mitte falten und in der Mitte der Lasche mit den Enden nach innen feststecken. Das Band durch Übersteppen der existierenden Naht fixieren.

4/Anbringen der Karabinerhaken

Als letzte Fertigungsschritte den Tragegurt nähen und die Karabinerhaken anbringen.

1 Zweimal 8 cm von dem roten Band abschneiden, in der Mitte falten und die D-Ringe in den Faltknick schieben. Die Bänder mittig oben an den Seitenstegen feststecken, danach absteppen.

2 Die Enden der Kunstlederbänder 4 cm umschlagen und einen Karabinerhaken in den Faltknick schieben. 1,5 cm vom Ring des Karabinerhakens entfernt absteppen. Im Abstand von 5 mm zwei Nähte steppen.

3 Die Karabinerhaken in den D-Ringen einhängen, um den Schulterriemen an der Umhängetasche zu befestigen.

5/Einsetzen eines Reißverschlusses

Wenn Sie den Anweisungen der aufeinander folgenden Schritte präzise folgen, macht Ihnen das Einsetzen eines Reißverschlusses keine Schwierigkeiten mehr!

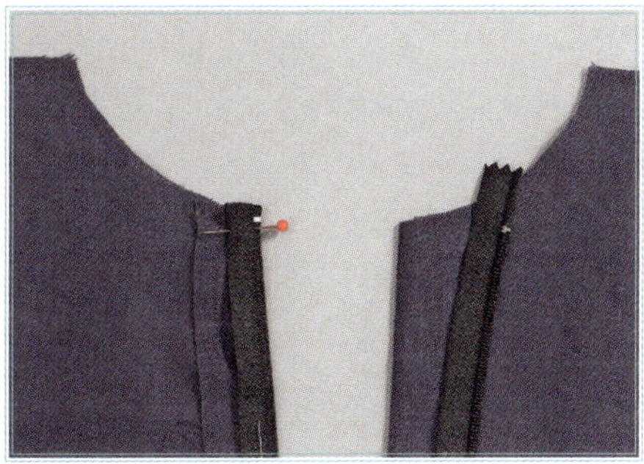

1 Stoffteile bis zur angegebenen Höhe 1,5 cm vom Rand entfernt absteppen. Den Reißverschluss öffnen, dann von links je ein Band an eine Seite der Öffnung stecken, sodass die Zähne des Reißverschlusses unter dem Stoffrand verschwinden, dann heften.

2 Beim Einsetzen eines Reißverschlusses – im Rücken eines Kleides beispielsweise – wird das überstehende Band oben am Ausschnitt nach innen umgeschlagen. Zum Fixieren heften.

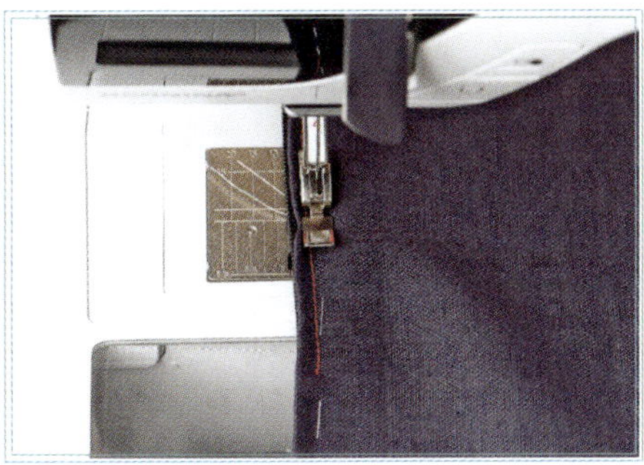

3 Von rechts mit einem Heftfaden die beiden Stoffkanten zusammenheften, um zu prüfen, dass die beiden Reißverschlussbänder einander genau gegenüberliegen. Diesen Heftfaden vor dem endgültigen Absteppen entfernen.

4 In die Nähmaschine den Reißverschlussfuß einsetzen, den Reißverschluss öffnen und die Arbeit so legen, dass sich der Reißverschluss links befindet. Möglichst nah am Reißverschluss absteppen.

5 Am unteren Ende des Reißverschlusses die Nadel im Stoff stecken lassen, den Nähfuß anheben, den Stoff drehen, um quer zum Reißverschluss zu nähen, dann den Stoff erneut drehen und die andere Seite des Reißverschlusses absteppen.

KAPITEL 4

FEINHEITEN MEISTERN

KAPITEL 4

Lektion 16

AUFGESETZTE TASCHEN

LEKTION 16

AUFGESETZTE TASCHEN*

Aufgabe: Nähen eines Trägerkleides

Fertigschnittmuster (Originalgröße) → Bogen A • Zuschneideplan → Seite 130
Nähen → Seite 131 und 132

MATERIAL

bedruckter Baumwollstoff, 220 x 110 cm breit (S), 230 x 110 cm breit (M) und (L)

3 m einfarbiges Schrägband, 2 cm breit, farblich auf den Stoff abgestimmt

passendes Nähgarn

Stecknadeln

Stoffschere

Seidenpapier

Bleistift

GRÖSSEN

S = 34/36

M = 38/40

L = 42/44

* Dies ist die einfachste Taschenform, deren einzige Schwierigkeit darin besteht, sie korrekt auf das Kleidungsstück zu nähen. Vor dem Aufnähen muss die Tasche rundum gesäumt werden. Die unteren Ecken der Tasche können gerade oder abgerundet sein.

TRÄGER-
KLEID

1/Aufzeichnen

Die Teile auf dem beigefügten Bogen A suchen, auf Seidenpapier übertragen und ausschneiden. Auf alle Teile auch die Markierungen übertragen.

2/Zuschneiden

Den Stoff rechts auf rechts der Länge nach in der Mitte falten. Die Teile wie angegeben auflegen. Mithilfe von Lineal und Kreide aufzeichnen. Die Teile 1,5 cm von der Linie entfernt zuschneiden.

Zuschneideplan

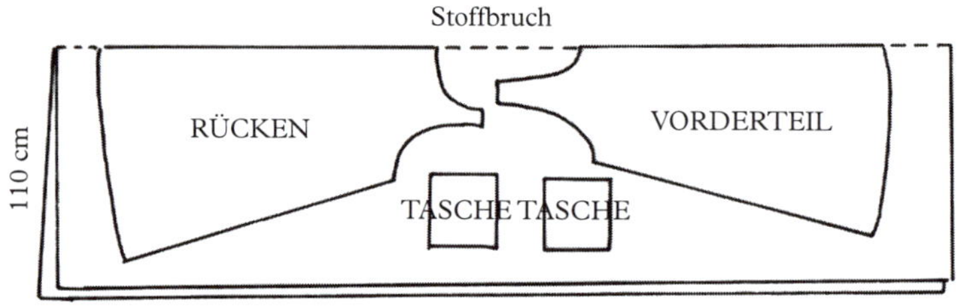

Länge des Kleids oder Rocks

Es gibt sechs Standardlängen. Die Länge ist eine Frage des Geschmacks, aber auch der Figur. Am einfachsten findet man die passende Länge durch Ausprobieren – vor allem sollte man sich nicht von der jeweiligen Mode beeinflussen lassen.

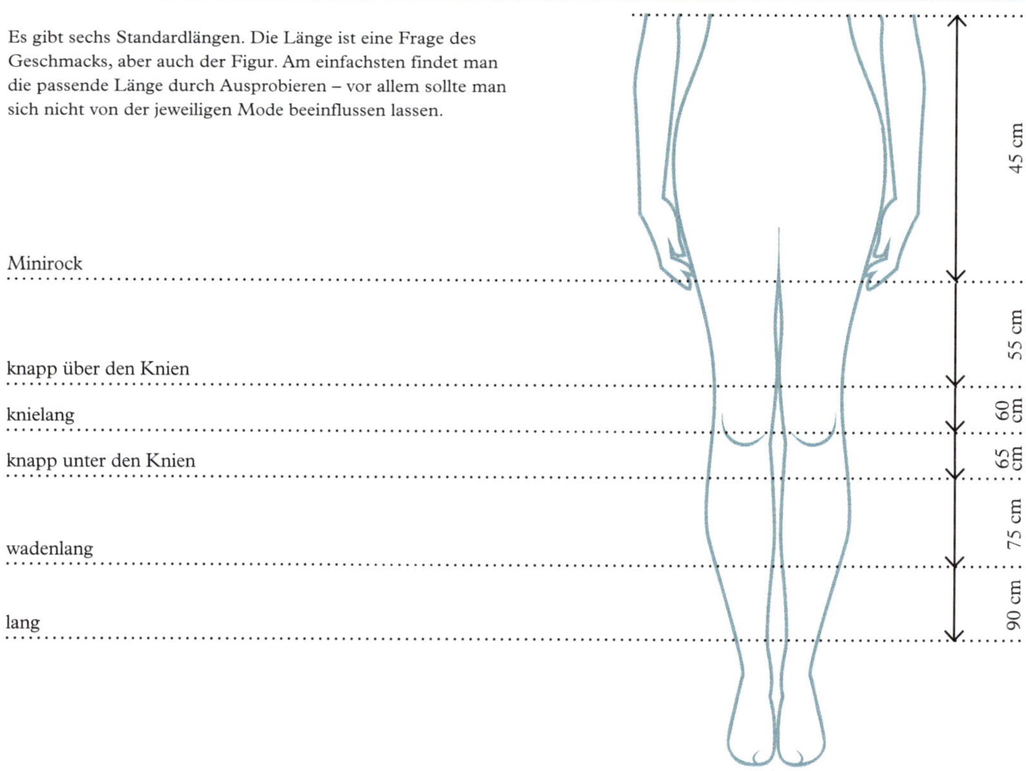

3/Nähen

Rücken- und Vorderteil an den Schultern zusammennähen. Um Halsausschnitt und Armausschnitte ein Schrägband steppen. Markieren, wo die Taschen ausgesetzt werden. Die Seitennähte absteppen und das Kleid unten säumen. Die Taschen nähen und aufsetzen.

1 Vorder- und Rückenteil rechts auf rechts aufeinanderlegen. Die Schulternähte abstecken und 1,5 cm von den Rändern entfernt absteppen. Die Nähte auseinanderbügeln.

2 Halsausschnitt und Armausschnitte auf 1 cm von der Linie zurückschneiden.

3 Das Schrägband von links Kante an Kante an die Ränder des Halsausschnitts und der Armausschnitte stecken.

4 In der ersten Falte des Schrägbands absteppen.

5 Das Schrägband auf die rechte Stoffseite umschlagen. Abstecken und 2 mm vom Rand entfernt oben absteppen.

6 Das Ende des Schrägbands am Rückenausschnitt 1 cm nach innen umschlagen und über das andere Ende legen, um den Halsausschnitt sauber fertig zu nähen.

7 Die Seitennähte des Kleides rechts auf rechts absteppen. Die Nähte auseinanderbügeln.

8 Für den Kleidsaum einen ersten Umschlag von 1 cm und einen zweiten von 2 cm unten am Kleid umbügeln. Dann von links 3 mm vom Saumrand entfernt absteppen.

9 Die Taschen aufsetzen und absteppen (s. S. 132).

4/Eine Tasche aufsetzen

Oben an der Tasche einen breiten Umschlag, an den drei anderen Seiten einen kleineren Umschlag falten und absteppen. Mit Stecknadeln markieren, wo die Tasche sitzen soll und die Tasche nach einer der weiter unten beschriebenen Möglichkeiten aufnähen.

1 Mit dem Bügeleisen oben an der Tasche zuerst 1 cm, dann noch einmal 3 cm umbügeln.

2 An den anderen drei Seiten mit dem Bügeleisen einen Umschlag von 1 cm bügeln, dann heften.

3 Mithilfe des Lineals auf dem Stoff die Lage der Tasche (siehe Schnittmuster) mit Stecknadeln markieren. Die Taschen aufstecken, dann 3 mm vom Rand entfernt absteppen.

5/Verschiedene Möglichkeiten der Fertigstellung

Es gibt verschiedene Möglichkeiten, Taschen aufzunähen – Sie haben die Wahl!

1 In Fortsetzung der Seitennähte jedes Dreieck außen absteppen. Jedes Dreieck sollte mindestens 2 cm hoch und 1 cm breit sein.

2 Am Beginn und Ende der Naht über ca. 1,5 cm im Rückstich nähen. Auf die Rückwärtstaste der Maschine drücken. Die beiden Nähte genau übereinander nähen, damit sie unauffällig sind.

3 Die Tasche auf drei Seiten aufsteppen, dann per Hand in den oberen Ecken drei lange Stiche nähen. Diese drei Stiche mit der Maschine im Zickzackstich übernähen, dabei über die Tasche hinaus auf den Trägerstoff nähen.

4 Das Aufsteppen mit einem Rückstich beginnen und beenden, anschließend die Maschine auf den schmalen Zickzackstich (3 mm breit) einstellen. Im Zickzackstich über den oberen Rückstich nähen.

5 Die Maschine auf den dreifachen Steppstich einstellen und die Tasche an den drei Seiten aufnähen. Rückstiche am Anfang und Ende sind in diesem Fall nicht erforderlich.

KAPITEL 4

Lektion 17

TASCHEN MIT ZIERNAHT

TASCHEN MIT ZIERNAHT*

Aufgabe: Nähen einer Hose mit Taschen

Fertigschnittmuster (Originalgröße) → Bögen A und B • Zuschneideplan → Seite 136
Nähen → Seite 137

MATERIAL

Leinen-Chambray (leichtes Leinen), 220 x 110 cm breit (S), 230 x 110 cm breit (M), 240 x 110 cm breit (L)

130 cm flaches Gummiband, 2 cm breit

passendes Nähgarn

Stecknadeln

Stoffschere

farbiges Kohlepapier

Seidenpapier

Kopierrädchen

Lineal

1 Sicherheitsnadel

GRÖSSEN

S = 34/36

M = 38/40

L = 42/44

* Diese seitliche Eingrifftasche mit Ziernaht ist für einen Rock oder, wie hier, für eine Hose sehr kleidsam. Diese Taschen tragen nicht auf und liegen auf Hüfthöhe an. Sie sind im Handumdrehen in drei Schritten genäht.

1/Aufzeichnen

Die Teile auf den beigefügten Bögen A und B suchen, auf Seidenpapier übertragen und ausschneiden. Auf alle Teile die Markierungen übertragen.

2/Zuschneiden

Den Stoff in der Mitte falten und die Schnittmusterteile unter Berücksichtigung des Fadenlaufs auflegen. Die Umrisse der Teile mittels Kohlepapier, Kopierrädchen und Lineal aufzeichnen. 1,5 cm von der Linie entfernt zuschneiden.

Zuschneideplan

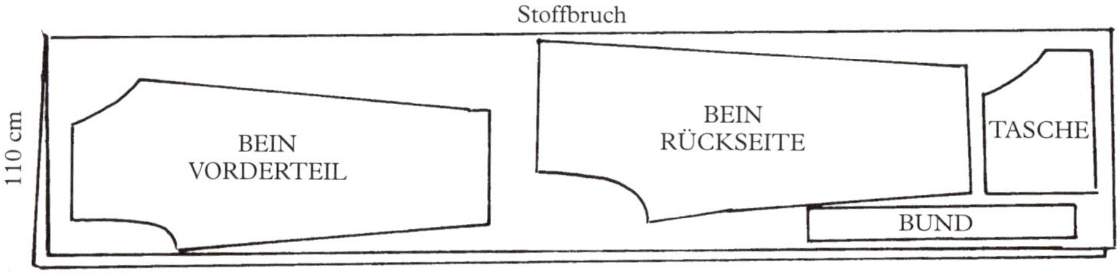

Ein zweiteiliges Schnittmuster übertragen

Die Teile der Hose sind orangefarben auf die Schnittmusterbögen A und B gedruckt. Aus Formatgründen musste die Zeichnung in zwei Teile aufgeteilt werden. Um das ganze Teil zu erhalten, benötigen Sie ein Blatt spezielles Seidenpapier für Schnittmuster, worauf Sie mithilfe eines großen Lineals und eines Winkels die Mittellinien aufzeichnen. Anschließend das Seidenpapier auf das Schnittmuster legen und darauf achten, dass der erste Teil der Hose (oben) mittig auf der ersten Blatthälfte liegt. Die Schnittlinie muss deckungsgleich sein mit der Linie, die das Seidenpapier in zwei Hälften teilt. Die Blätter an den Ecken mit etwas beschweren, damit sie nicht verrutschen. Mit einem Bleistift die erste Hälfte der Hose durchpausen. Nun die zweite Hälfte der Hose (unterer Teil des Hosenbeins) unter das Seidenpapier schieben und wieder die Mittellinie mit der Schnittlinie deckungsgleich bringen und den zweiten Teil durchpausen. Nun verfügen Sie über ein komplettes Schnittmuster.

3/Nähen

Die Teile versäubern. Die Taschen auf die Vorderteile nähen. Erst ein Bein zusammennähen, dann das andere. Die Hosenbeine im Schritt zusammennähen. Einen Tunnelbund annähen und ein Gummiband einziehen.

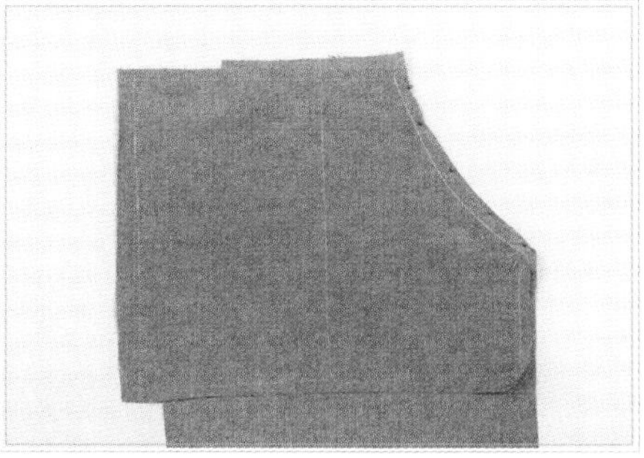

1 Die Taschen und Vorderteile rechts auf rechts so übereinanderlegen, dass die Rundungen deckungsgleich sind. Feststecken, dann 1,5 cm vom Rand absteppen. Die Nahtzugabe auf 1 cm zurückschneiden und die Naht auseinanderbügeln.

2 Die Taschen entlang der Naht nach links umfalten und entlang der „Faltlinie" wieder nach rechts falten. Die Taschen unten abstecken, dann absteppen. Von rechts auf die Taschenrundung 5 mm vom Rand entfernt eine Ziernaht nähen.

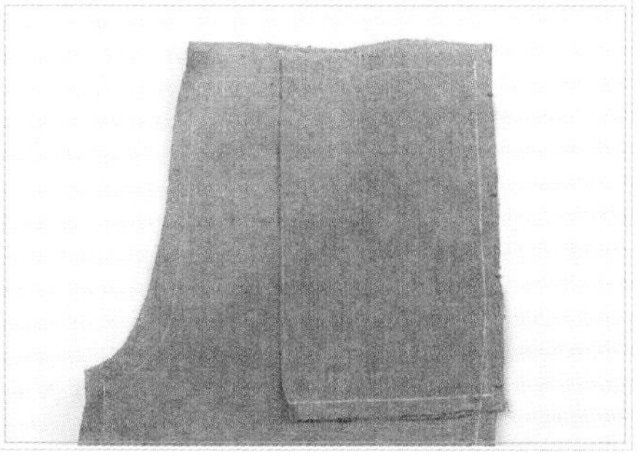

3 Vorder- und Rückenteile der Hose rechts auf rechts übereinanderlegen. Die Außenseiten zusammenstecken und absteppen. Anschließend die Nähte auseinanderbügeln.

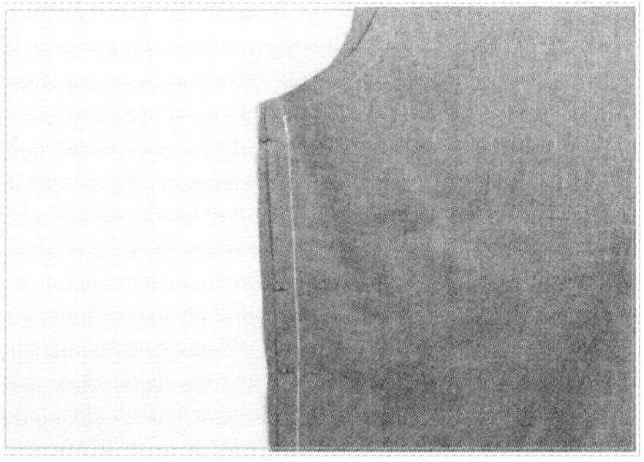

4 Die Beine rechts auf rechts zusammenfalten und die inneren Nahtlinien der Beine übereinanderlegen. Zusammenstecken, dann 1,5 cm vom Rand absteppen. Die Nähte auseinanderbügeln.

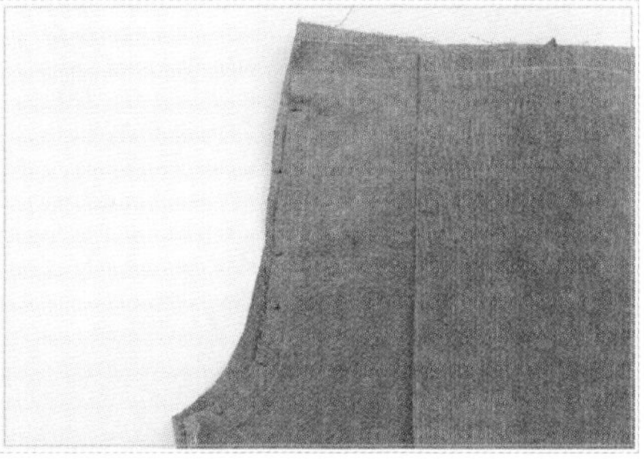

5 Ein Bein auf rechts wenden und in das andere Bein schieben, sodass Vorder- und Rückenteil deckungsgleich sind. Den Schritt zusammenstecken und 1,5 cm vom Rand absteppen. Die Rundungen einschneiden. Die Nähte auseinanderbügeln und die Nahtzugaben versäubern.

6 Die Enden des Hosenbunds rechts auf rechts zusammenstecken. Absteppen, dann die Nähte auseinanderbügeln. Den unteren Rand des Bundes rechts auf rechts oben an die Hose stecken. Absteppen, dann die Naht auseinanderbügeln.

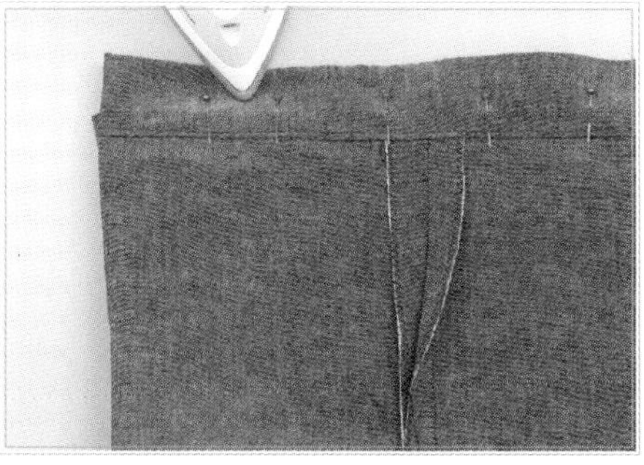

7 Den Bund mit dem Bügeleisen in der Mitte umbügeln und an der zweiten Kante einen 2,5 cm breiten Umschlag bügeln. Diese Kante von links an die Hose stecken.

8 Den Bund 5 mm von der Bundkante entfernt von rechts auf die Hose steppen. An einer Seite eine 5 cm große Öffnung lassen und dort das Gummiband mit einer Sicherheitsnadel einziehen. Die Enden zusammennähen und die Öffnung per Hand zunähen.

9 Mit dem Bügeleisen die Säume unten an den Hosenbeinen umbügeln. Einen ersten Umschlag von 1 cm und einen zweiten von 1,5 cm bügeln. Abstecken, dann 3 mm von der Saumkante entfernt absteppen.

KAPITEL 4

Lektion 18

EINEN HEMD-BLUSENKRAGEN NÄHEN

KAPITEL 18

EINEN HEMDBLUSENKRAGEN NÄHEN*

Aufgabe: Nähen einer langen Bluse

Fertigschnittmuster (Originalgröße) → Bögen A und B • Zuschneideplan → Seite 140
Nähen → Seite 141 und 142

MATERIAL

gestreifter Baumwollpopeline,
250 x 110 cm breit (S),
270 x 110 cm breit (M) und (L)

Aufbügelvlies

5 farblich passende Knöpfe mit 2 Löchern,
18 mm Durchmesser

passendes Nähgarn

Stecknadeln

Stoffschere

Seidenpapier

Bleistift

Lineal

GRÖSSEN

S = 34/36

M = 38/40

L = 42/44

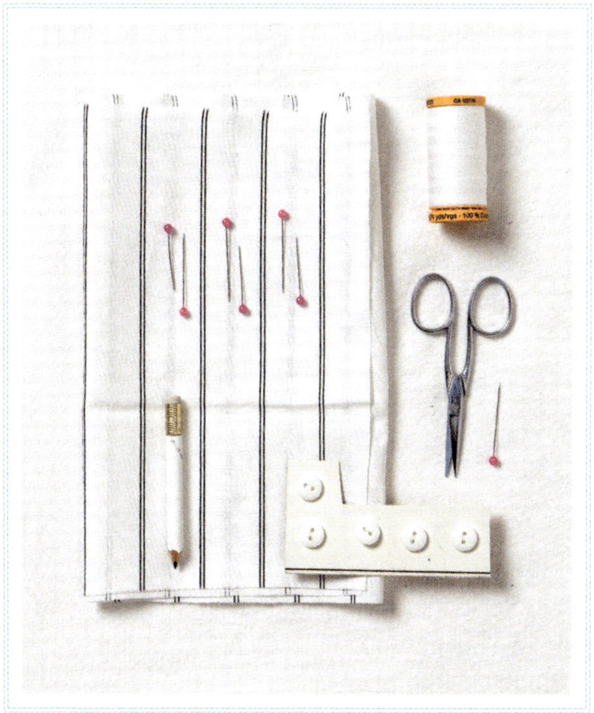

* Ein Umschlagkragen lässt sich aus einem in der Mitte gefalteten Teil oder aus zwei übereinandergelegten, identisch geformten Teilen herstellen. Damit der Kragen stabil ist, wird er von links mit einer Einlage verstärkt.

LANGE BLUSE

1/Aufzeicnen

Die Teile auf den beigefügten Bögen A und B suchen, auf Seidenpapier übertragen und ausschneiden. Auf alle Teile die Markierungen übertragen.

2/Zuschneiden

Die Schnittmusterteile gemäß Zuschneideplan und unter Berücksichtigung des Fadenlaufs auflegen. Die Umrisse mit Kreide und Lineal aufzeichnen. 1,5 cm von der Linie entfernt zuschneiden. Auf den unteren Kragen von links und auf eine Hälfte des Ärmelbündchens Aufbügelvlies bügeln.

Zuschneideplan

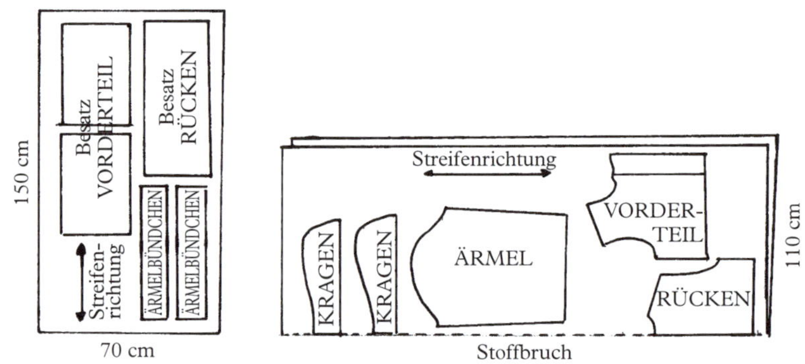

Ziernähte nähen

Damit Ziernähte schön aussehen, muss der Stich sehr gleichmäßig sein. Hierzu eine neue Nadel einsetzen und mit Nähmaschinengarn aus 100 % Baumwolle in der Stärke Nr. 30 nähen, damit ein schönes Relief entsteht. Gerade wird die Naht, wenn die Stichgeschwindigkeit auf die langsamste Stufe eingestellt wird, damit der Stofftransport unter dem Nähfuß gut zu kontrollieren ist und man sich an der dort eingravierten Einteilung orientieren kann.
Damit bei Ziernähten an Bündchen und Kragen die Ecken sauber gelingen, die Nadel nach dem letzten Stich in der Ecke im Stoff stecken lassen. Den Nähfuß anheben und den Stoff in die richtige Richtung drehen. Den Nähfuß wieder absenken und die Ziernaht auf der anderen Seite der Ecke fortsetzen.

3 / Nähen

Die Teile versäubern. Zuerst die beiden Vorderteile, dann die beiden Rückenteile zusammennähen. Rücken- und Vorderteile an den Schultern zusammennähen. Den Kragen vorbereiten und annähen. Die Ärmelbündchen vorbereiten.

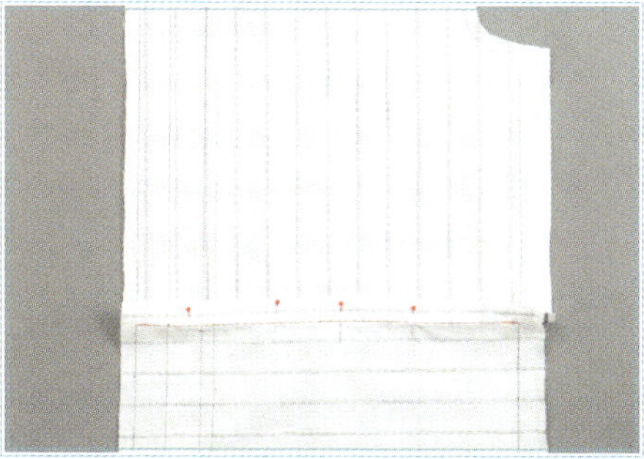

1 Unter- und Oberteil der Vorderteile rechts auf rechts zusammenstecken. 1,5 cm von den Rändern entfernt absteppen und die Nähte auseinanderbügeln.

2 Unter- und Oberteil des Rückenteils rechts auf rechts zusammenstecken. 1,5 cm vom Rand entfernt absteppen und die Nähte auseinanderbügeln.

3 Vorder- und Rückenteile an den Schultern rechts auf rechts zusammenstecken. 1,5 cm vom Rand entfernt absteppen und die Nähte auseinanderbügeln.

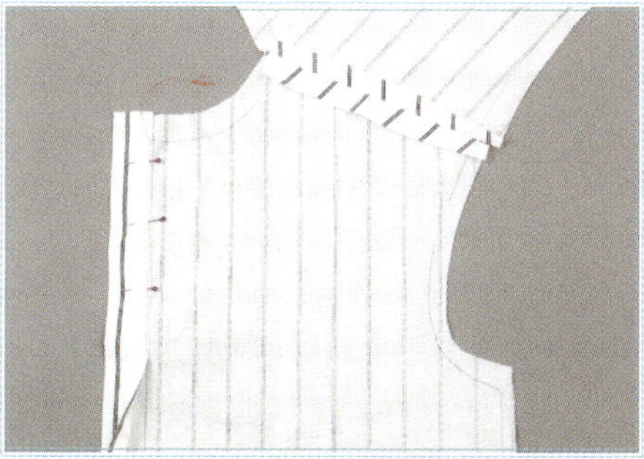

4 Für die Knopfleiste an der Kante des Vorderteilbesatzes mit dem Bügeleisen einen ersten Umschlag von der Außenkante, dann einen zweiten von der Faltlinie aus umbügeln. Feststecken und 3 mm vom Saumrand entfernt absteppen.

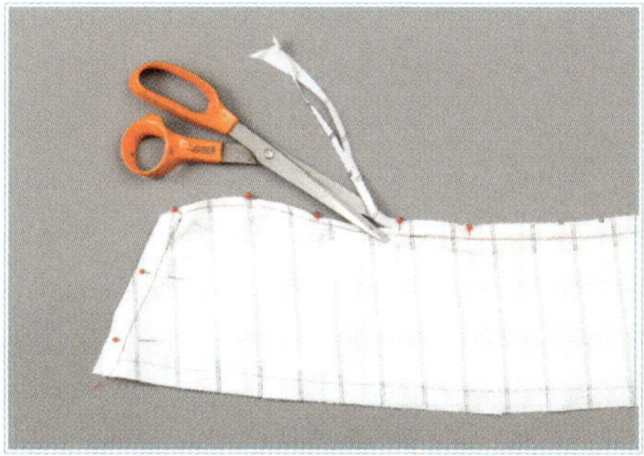

5 Die Kragenteile rechts auf rechts übereinanderlegen. Die Seiten und den oberen Rand feststecken. 1,5 cm von den Rändern absteppen. Die Nahtzugaben auf 5 mm zurück-, und die Ecken einschneiden. Den Kragen auf rechts wenden.

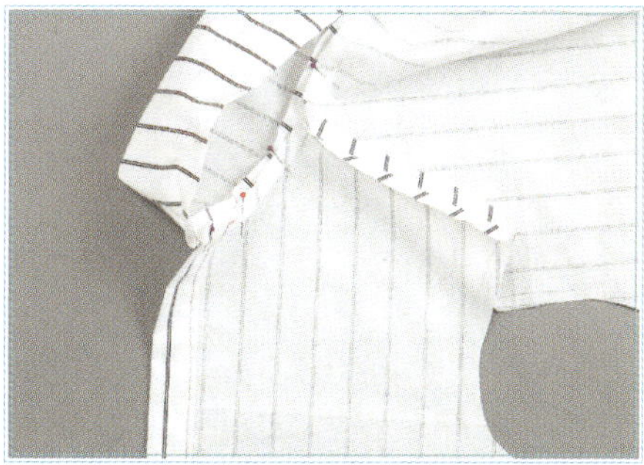

6 Den Unterkragenrand rechts auf rechts mittig an den Halsausschnitt der Bluse stecken. Die erste Stofflage des Kragens absteppen. Die Nahtzugabe auf 5 mm zurückschneiden.

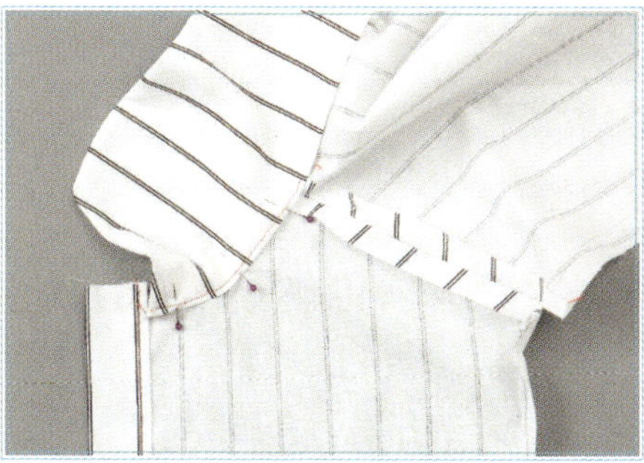

7 Am Rand der zweiten Lage des Kragens einen 1,5 cm breiten Umschlag legen, danach feststecken und absteppen, dabei die Oberkante der Besatzteile mit absteppen.

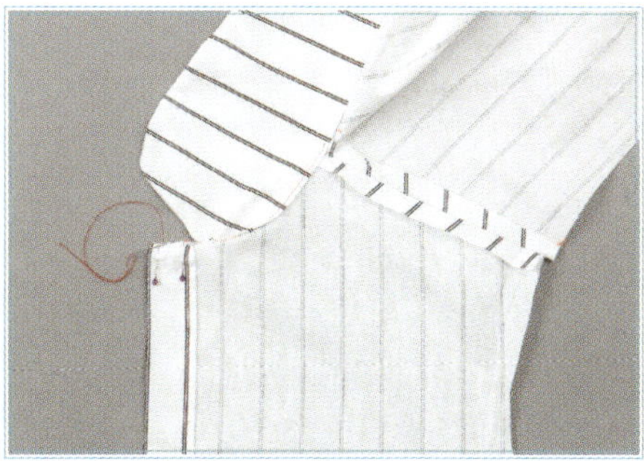

8 Die Besatzteile nach innen umschlagen und in der Fortsetzung der Kragenunterseite mit einigen Saumstichen fixieren.

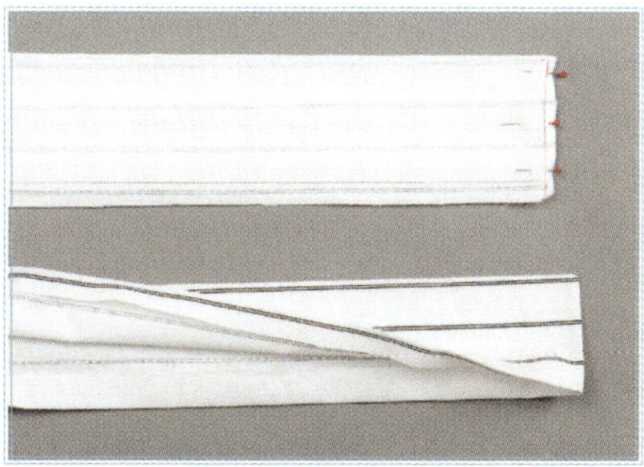

9 Die Ärmelbündchen der Länge nach rechts auf rechts in der Mitte zusammenlegen, zusammenstecken und die Seiten auf der Linie absteppen. Die Nahtzugaben auf 5 mm zurückschneiden. Auf rechts wenden. An den offenen Seiten einen 1,5 cm breiten Umschlag bügeln.

4/Die Bluse fertigstellen

Die Armkugeln in die Armlöcher nähen. Die Ärmelbündchen nähen. Ärmelbündchen und Kragen mit einer Ziernaht versehen. Die Seitennähte der Bluse schließen. Die Bluse unten säumen und auf der Knopfleiste fünf Knopflöcher gleichmäßig verteilt sticken. Die Knöpfe gegenüber den Knopflöchern annähen.

1 Die Armkugeln mit Stecknadeln rechts auf rechts in den Armlöchern der Bluse feststecken. 1,5 cm von den Rändern entfernt absteppen. Die Naht-zugaben auf 1 cm von der Naht zurückschneiden. Die Nähte auseinanderbügeln.

2 Die Ärmel rechts auf rechts in der Mitte zusammenlegen. Die unteren Ärmelnähte zusammenstecken, dann 1,5 cm vom Rand entfernt absteppen. Die Nähte auseinanderbügeln. Danach die Ärmel auf rechts wenden.

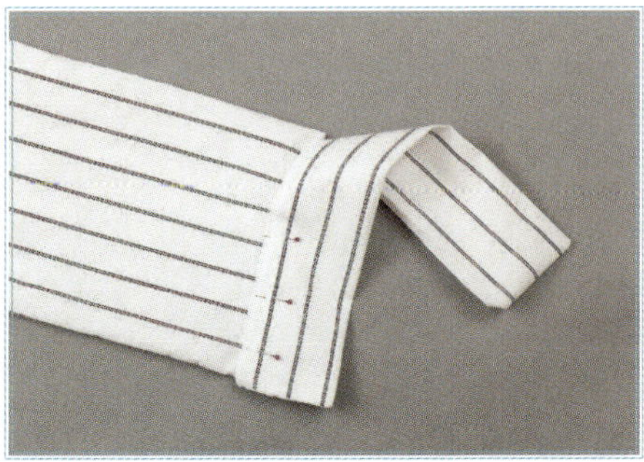

3 Die Ärmelbündchen unten an den Ärmeln mittig ansetzen, der Seitenrand eines Bündchens liegt auf der Höhe der unteren Ärmelnaht. Die Ärmel 1 cm in die Bündchen schieben. Feststecken, dann 3 mm von der oberen Faltkante absteppen.

4 Über den Rand der Ärmelbündchen sowie des Kragens von rechts 3 mm vom Rand entfernt je eine Ziernaht nähen, hierzu die Stichlänge auf 4 mm einstellen.

5 Die Seiten der Bluse rechts auf rechts zusammenstecken und 1,5 cm von den Rändern entfernt absteppen. Die Nähte auseinanderbügeln.

6 Am unteren Rand der Bluse einen ersten Umschlag von 1 cm bügeln. Für den Saum einen zweiten Umschlag von 1,5 cm legen. Feststecken, dann 2 mm vom Saumrand entfernt absteppen.

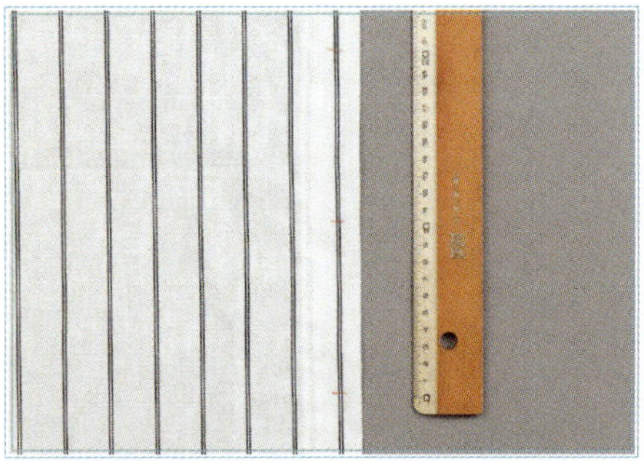

7 Auf der rechten Knopfleiste der Bluse ab dem Kragen fünf Knopflöcher im Abstand von jeweils 11,5 cm verteilen. Die Knopflöcher mit Bleistift markieren.

8 In die Nähmaschine den Knopflochfuß einsetzen, die Lochgröße an den Durchmesser der Knöpfe anpassen. Den Zickzackstich möglichst eng einstellen. Die Knopflöcher sticken und dann mit einer dünnen Schere (etwa einer Stickschere) öffnen.

9 Die Knopflöcher auf der anderen Seite der Bluse annähen. Den Nähfaden doppelt nehmen. Mit zwei Rückstichen beginnen und enden, um den Faden gut im Stoff zu fixieren.

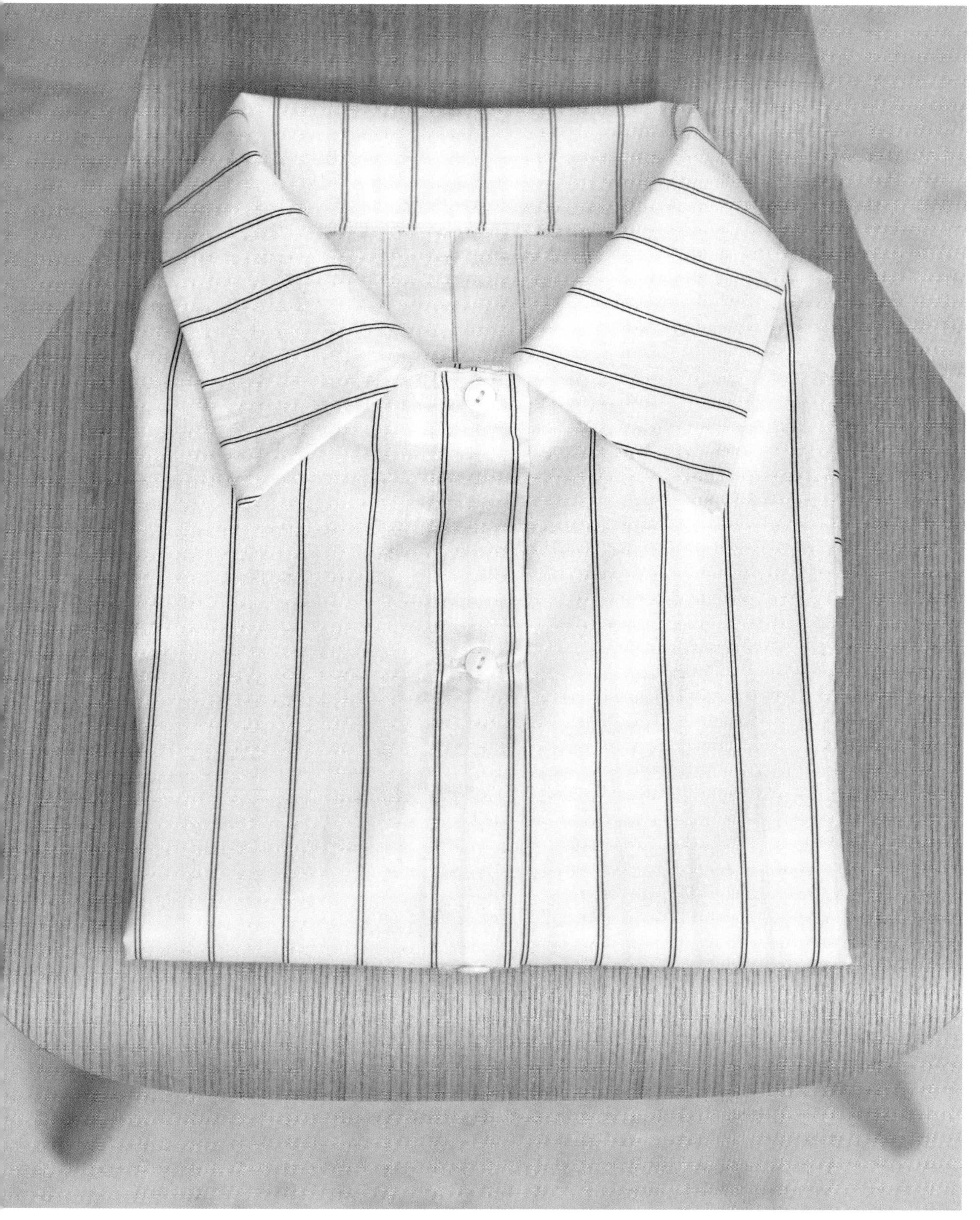

KAPITEL 4

Lektion 19

EIN SCHRÄGBAND ZUM VERSÄUBERN ANNÄHEN

EIN SCHRÄGBAND ZUM VERSÄUBERN ANNÄHEN*

Aufgabe: Nähen einer Sommerjacke

Fertigschnittmuster (Originalgröße) → Bogen A • Zuschneideplan → Seite 146
Nähen → Seite 147 und 148 • Variante → Seite 148

MATERIAL

Kattun in Indigoblau, 140 x 110 cm breit (S), 150 x 110 cm breit (M) und 170 x 110 cm breit (L)

5 m Baumwollschrägband in Orange, 2 cm breit

passendes Nähgarn

Kräuselfaden

Stecknadeln

Stoffschere

farbiges Kohlepapier

Kopierrädchen

Lineal

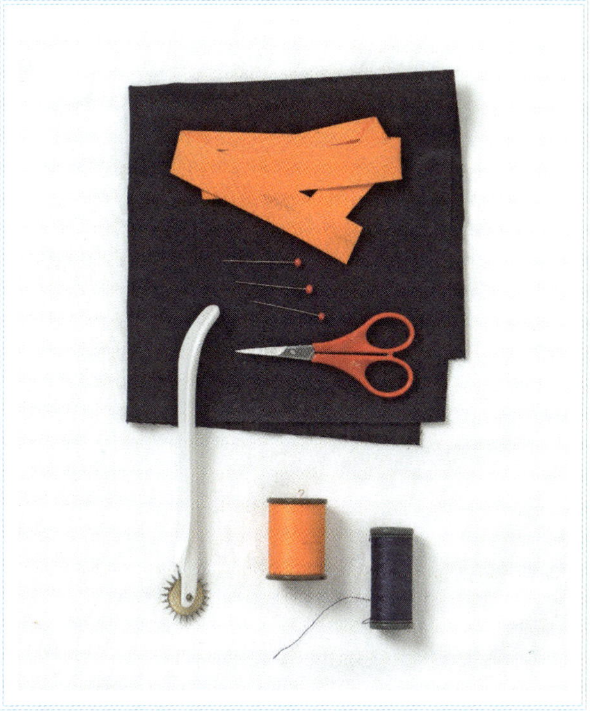

GRÖSSEN

S = 34/36

M = 38/40

L = 42/44

* Ein Schrägband zum Versäubern spart das Füttern und gibt einem Kleidungsstück mehr Festigkeit. Dieses Verfahren ist vor allem für Kleider, Jacken oder Mäntel empfehlenswert.

SOMMER-
JACKE

1/Aufzeichnen

Die Schnittmusterteile auf dem beigefügten Bogen A suchen, auf Seidenpapier übertragen und ausschneiden. Auf alle Teile die Markierungen übertragen.

2/Zuschneiden

Den Stoff in der Mitte falten und die Schnittmusterteile unter Berücksichtigung des Fadenlaufs auflegen. Die Umrisse der Teile mittels Kohlepapier, Kopierrädchen und Lineal aufzeichnen. Auf der Linie zuschneiden. Die Teile versäubern.

Zuschneideplan

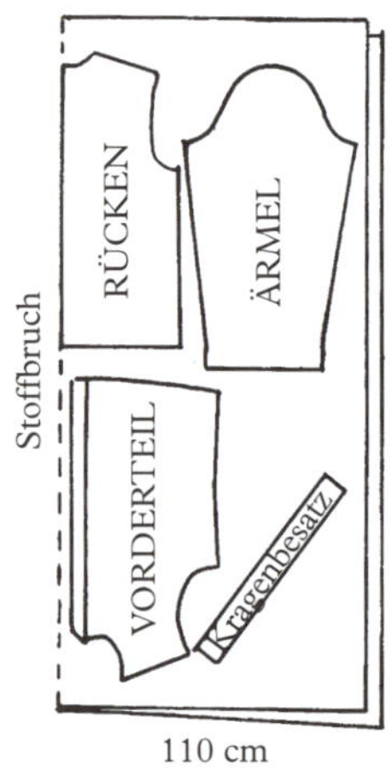

Ein Schrägband, das eigentlich dem Zweck des Versäuberns dient, kann durchaus zusätzlich eine gestalterische Funktion einnehmen. Einen besonders hübschen Effekt erzielt man, wenn das Band in einer Kontrastfarbe zum Kleidungsstück gewählt wird.

3/Nähen

Vor dem Annähen des Schrägbands Vorderteile, Rücken, Ärmel und Kragen nähen.

1 Die Schultern der Vorderteile rechts auf rechts an die des Rückenteils stecken. 1,5 cm von den Rändern entfernt absteppen und die Nähte auseinanderbügeln.

2 Den Kragenbesatz rechts auf rechts an den Halsausschnitt stecken. 1,5 cm vom Rand entfernt steppen. Die Nahtzugaben zurückschneiden und einschneiden. Den Besatz nach links umbügeln.

3 Besatzteile der Vorderteile entlang der Faltlinie umbügeln. Zusammenstecken und den Besatz anheften.

4 Die Seiten der Jacke 1,5 cm von den Rändern entfernt rechts auf rechts zusammenstecken. Absteppen, dann die Nähte auseinanderbügeln.

5 Mit 3 mm Abstand zur Linie durch die Nahtzugabe einen Kräuselfaden in die Armkugeln ziehen.

6 Die Ärmel rechts auf rechts in die Armlöcher stecken. Den Krauselfaden so ziehen, dass die Armkugeln in die Armlöcher passen. Zusammenstecken und absteppen.

7 Die Nahtzugaben auf 1 cm von der Naht zurückschneiden. Die Rundungen einschneiden. Die beiden Rundungen der Ärmel und Armlöcher versäubern, ohne den Stoff zusammenzuziehen, um die durch das Einschneiden erreichte Dehnbarkeit zu erhalten.

8 Die Ärmel rechts auf rechts zusammenlegen. Die unteren Ärmelnähte erst zusammenstecken, dann 1,5 cm von den Rändern absteppen. Die Nähte auseinanderbügeln.

9 Schrägband auf die Ränder der Besatzteile von Kragen und Vorderteilen, die Nahtzugaben der Seitennähte sowie unten an der Jacke und den Ärmeln legen. Das Schrägband entsprechend der jeweiligen Länge abschneiden, 2 cm Zugabe einrechnen.

4/Schrägband zum Versäubern annähen

Schrägband zum Versäubern unten an die Ärmel, entlang des Vorderteilbesatzes und unten an der Jacke annähen. Den Besatz von links an die Jacke nähen. Die Jacke unten säumen.

1 Das Schrägband auffalten und mit der rechten Seite Kante an Kante auf die linke Stoffseite legen. Feststecken und in der ersten Falte absteppen.

2 An jedem Ende 1 cm Schrägband nach innen umschlagen und feststecken.

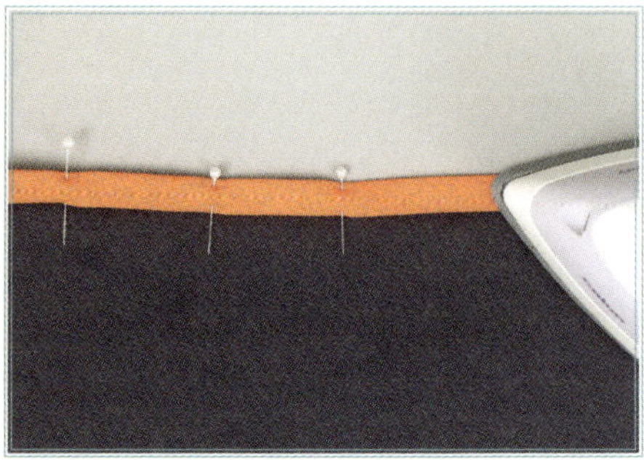

3 Mit der Spitze des Bügeleisens das Schrägband nach rechts zum Stoff umbügeln. Feststecken.

4 Das Schrägband 2 mm vom Rand entfernt absteppen. Am Anfang der Naht drei oder vier Rückstiche machen, um die Naht zu verstärken.

5 Den Besatz von links an die Jacke nähen, dabei direkt neben dem Schrägband nähen.

6 Unten an den Ärmeln und an der Jacke einen 3 cm breiten Umschlag bügeln. Feststecken, dann direkt unterhalb des Schrägbands absteppen.

Variante: Sommermantel

Um aus der Jacke einen hübschen offenen Sommermantel zu machen, kann man das Schnittmuster der Jacke übernehmen und die Vorder- und Rückenteile unten um 40 cm verlängern. Man kauft einen schönen Wollstoff und fügt zu dem ursprünglich vorgesehenen Material weitere 4,80 m Schrägband hinzu.

OPEN
THIS SIDE

KAPITEL 4

Lektion 20

EIN WENDEFUTTER NÄHEN

LEKTION 20

EIN WENDEFUTTER NÄHEN*

Aufgabe: Nähen eines Hutes

Schemazeichnung und Zuschneideplan → Seite 152 • Nähen → Seite 153

MATERIAL

beschichteter Baumwollstoff in Anthrazit, 70 x 110 cm breit

bedruckter Baumwollstoff mit Blümchenmuster, 30 x 80 cm breit

60 cm Ripsband, 2,5 cm breit

Aufbügelvlies

passendes Nähgarn

Stecknadeln

Stoffschere

farbiges Kohlepapier

Rasterpapier, Quadrate mit 5 cm Seitenlänge

Kopierrädchen

Lineal

* Da dieses Futter von außen zu sehen ist, wird hier kein klassisches Futtermaterial, sondern ein besonders dekorativer Stoff verwendet. Das Futter passt sich der Form, auf die es genäht wird, perfekt an. In der Regel wird es nach demselben Schnittmuster zugeschnitten wie das Teil, das gefüttert wird.

1/Aufzeichnen

Das Schnittmuster von der Schemazeichnung auf ein Rasterpapier mit Quadraten von 5 cm Seitenlänge übertragen, anschließend die Markierungen übertragen. Nun die verschiedenen Teile ausschneiden.

2/Zuschneiden

Den Stoff in der Mitte falten und die Schnittmusterteile unter Berücksichtigung des Fadenlaufs auf den Stoff legen. Die Umrisse der Teile mittels Kohlepapier, Kopierrädchen und Lineal aufzeichnen. 1 cm von der Linie entfernt zuschneiden. Das Aufbügelvlies auf die Rückseite des bedruckten Baumwollstoffs bügeln. Die Teile versäubern.

Schemazeichnung

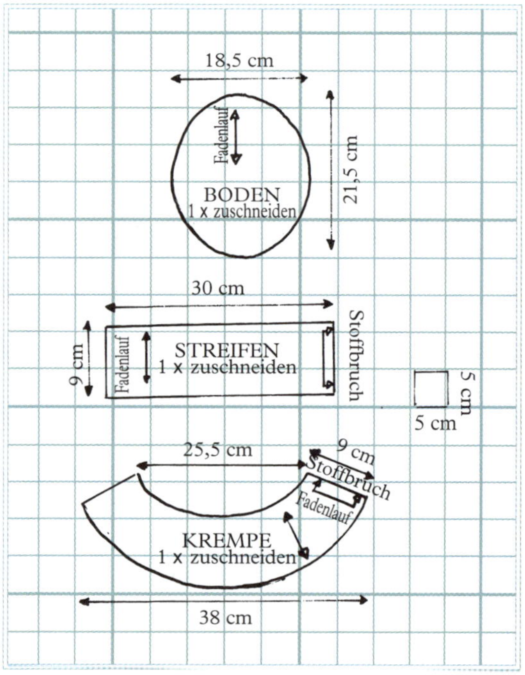

Zuschneideplan

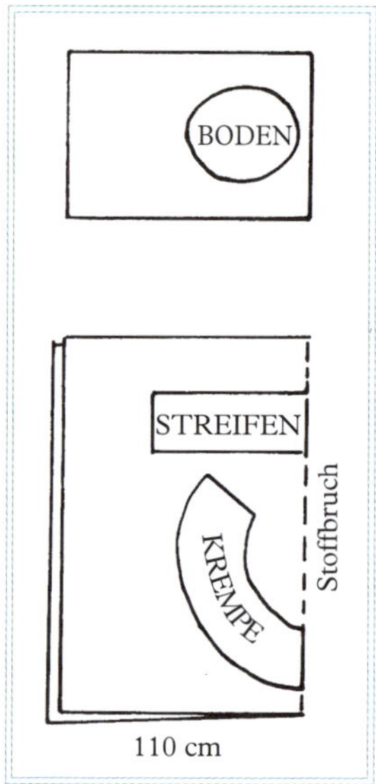

Zuschneideplan Futter

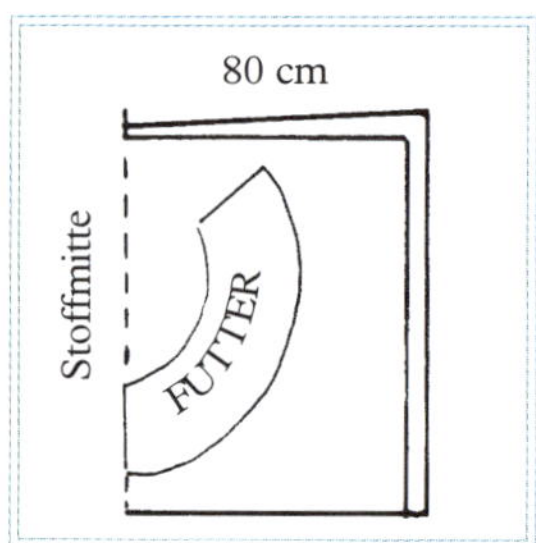

3/ Nähen

Die Hutkrone zusammennähen. Die gefütterte Krempe nähen. Die Krempe an die Hutkrone stecken, ein Ripsband dort um den Hut heften, wo die Teile zusammenstoßen. Absteppen, dabei die drei Stoffschichten zusammenfassen.

1 Den geraden Streifen rechts auf rechts an die Rundung des Hutbodens stecken. Heften, dann steppen, die Rundung einschneiden und die Naht auseinanderbügeln.

2 Die beiden Enden des geraden Streifens von links zusammenstecken, dann auf der Linie absteppen. Die Naht auseinanderbügeln.

3 Die Hutkrempe rechts auf rechts so auf das Futter stecken, dass die Rundungen genau übereinanderliegen. Die äußere Rundung auf der Linie absteppen.

4 Die Nahtzugabe auf 5 mm von der Naht zurückschneiden und die Rundung einschneiden. Die Teile auffalten, die Enden rechts auf rechts übereinanderlegen. Auf der Linie absteppen.

5 Wieder auf rechts wenden, das Futter befindet sich unter der Krempe. Die Krempe bügeln und die beiden Stofflagen zusammenstecken. Die Hutkrempe und das Futter 5 mm vom Rand entfernt mit einer Ziernaht absteppen.

6 Die Hutkrempe rechts auf rechts an die Hutkrone stecken, dann auf der Linie festheften.

7 Danach den Rand des Ripsbandes anstecken und anheften.

8 Die vier Stofflagen 3 mm vom Rand entfernt absteppen. Das eine Ende des Ripsbandes 1 cm über das andere Ende schlagen.

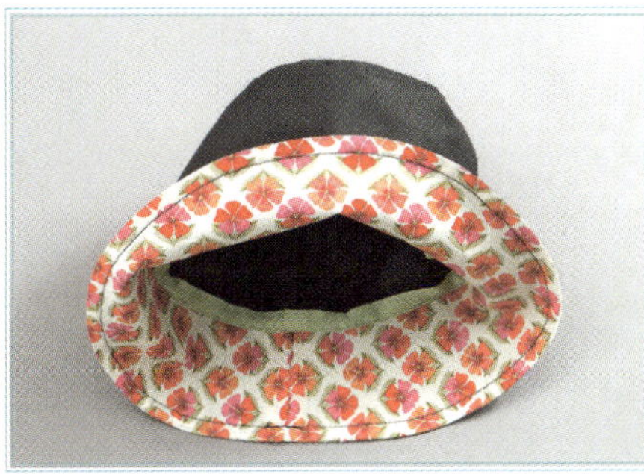

9 Das Ripsband mit der Bügeleisenspitze umbügeln. Falls nötig mit einigen Saumstichen in den darunterliegenden Nahtzugaben fixieren.

Glossar

Die Welt des Nähens hat ihre eigene Sprache, und für bestimmte Stoffe, Nähmethoden oder Formen von Kleidungsstücken gibt es genau definierte Bezeichnungen. Einige Begriffe sind auch in der Alltagssprache bekannt, andere werden nur von dem kleinen Kreis der Schneiderinnen und Schneider verwendet, ob sie nun Profis sind oder nicht. Die nachfolgende Liste enthält die wichtigsten Begriffe, die beim Nähen gebraucht werden.

A

Abnäher: dreieckige Falte, die von links genäht wird und den Stoff den Rundungen anpasst.

Abrunden: Dabei wird der Saum eines Rockes oder eines Kleides angeglichen. Gemessen wird vom Boden zum Saum. Es gibt im Kurzwarenhandel ein kleines Gerät auf Rollen mit einer Pumpe für Schneiderkreide, mit dem die Saumlinie direkt am angezogenen Kleidungsstück aufgetragen werden kann, den sogenannten Rockabrunder.

Änderung: Veränderung der Maße an einem oder mehreren Teilen eines Kleidungsstücks, damit es besser sitzt.

Ärmelbrett: ein kleines schmales Brett mit Moltonauflage, das auf einem Fuß steht und zum Bügeln von Ärmeln oder Hosenbeinen verwendet wird.

Armkugel: der obere Teil eines Ärmels, der in den Armausschnitt des Kleidungsstücks genäht werden muss.

Aufbügelstoff: So bezeichnet man einen Stoff, bei dem mindestens eine Seite mit einer Klebeschicht versehen ist. Unter der Wärme des Bügeleisens haftet der Stoff auf einem anderen Textil. Er dient zum Verstärken von Stoffen auf der Unterseite bzw. linken Seite.

Aufzeichnen: Dabei werden die Umrisse der Schnittmusterteile sowie der Markierungen von links mit Schneiderkreide oder einem Kopierrädchen und Kohlepapier auf den Stoff übertragen.

B

Bambus: Zellulosefaser mit seidigem Griff.

Besatz: So bezeichnet man ein Stück Stoff, auf das ein Teil der anderen Stoffstücke eines Modells genäht wird. Besatz bezeichnet auch ein Teil, das die Rückseite eines Kragens oder einer Knopfleiste verstärkt. Der Besatz wird in der Regel aus demselben Stoff genäht wie das Kleidungsstück. In einigen Fällen kann er auf der Rückseite versteift sein.

Biese: Dies sind sehr schmale Falten. Biesen werden häufig in parallelen Reihen genäht, um einen Teil eines Kleidungsstücks zu verengen.

Bindung (eines Stoffs): Der Begriff aus der Weberei bezieht sich auf Kett- und Schussfaden. Die einfachste Bindung ist die Leinwandbindung.

Bügeltuch: Stoffstück aus weißer dekatierter Baumwolle, das trocken oder angefeuchtet zwischen den Stoff und das Bügeleisen gelegt wird.

C

Chambray: Bei diesem Stoff sind die Kettfäden in der Regel indigoblau gefärbt und die Schussfäden weiß, er wird gerne zum Nähen von Hemden oder Hemdblusen verwendet.

D

Damast: ein- oder zweifarbiger Stoff, dessen Muster durch Kett- und Schussfaden entsteht.

Dehnen: Hier bezeichnet der Begriff das In-die-Länge-Ziehen des Schussfadens mit dem Dampfbügeleisen, etwa zum Runden von Säumen.

Dekatieren: das Behandeln eines Stoffs mit Wasserdampf nach der Fertigung, um nachträgliches Einlaufen zu verhindern und den Pressglanz zu nehmen.

Dupion: Seidenstoffe mit unregelmäßiger Struktur. Das Seidengarn stammt dabei meist von Doppelkokons. Der Begriff wird auch für Kunstseide mit Struktur verwendet.

E

Einfassen: Das Einfassen gehört zu den letzten Arbeiten und besteht darin, den Rand eines fertig genähten Modells mit Schrägband, Besatzband oder einer Borte einzufassen.

Einlage: Manche Teile erhalten mehr Festigkeit, indem sie entweder mit einer steifen Einlage gefüttert werden oder auf die Rückseite Aufbügelvlies gebügelt wird.

Einschneiden: Man macht kleine Schnitte in die Nahtzugabe, um runden Nähten mehr Raum zu geben, oder kleine Schnitte in den Stoffrand als Markierung beim Nähen.

Einschnüren: Dies bedeutet, dass ein Kleidungsstück zu eng ist oder dass die Nähte dessen Weite einschränken. Abhilfe besteht darin, zunächst die Nähte aufzutrennen und dann das Kleidungsstück unter Hinzunahme der Nahtzugaben etwas weiter zu nähen.

F

Fadenlauf: Der auf Schnittmustern angegebene Fadenlauf ist parallel zu den Webkanten und entspricht den Kettfäden.

Falten ziehen: Beim Nähen mit zu engen Stichen bilden sich im Stoff Falten. Die Naht muss unbedingt wieder aufgetrennt werden. Anschließend muss man die Nähmaschine anders einstellen und neu nähen.

Falz: An einer Ecke oder an dem Saum einer Ecke wird der Stoff zu einem Falz umgeschlagen, damit ein sauberes Endergebnis entsteht.

Farbecht: Der Begriff benennt die Tatsache, dass sich bei einem Stoff die Farbe auch beim Waschen mit höheren Temperaturen garantiert nicht auswäscht.

Fransen: Die Enden der Kett- oder Schussfäden, die nach dem Zuschneiden der Schnittmusterteile frei liegen, bilden Fransen. Sie können durch eine überwendliche Naht oder einen Saum versäubert werden.

Fransenrand: So bezeichnet man Stoffränder, die nicht bearbeitet wurden, sodass die Fransen erhalten bleiben.

Futter: meist dünner Stoff, der von links in ein Kleidungsstück genäht wird, um dieses zu festigen und die Nähte zu verbergen.

G

Gabardine: Dies ist ein Woll- oder Baumwollstoff, dessen Bindung auf der rechten Seite durch einen ausgeprägten, steilen Köpergrat gekennzeichnet ist. Es ist ein fester, dicht gewebter Stoff, der vor allem für Sport- und Regenkleidung verwendet wird.

Garnkone: Papp- oder Kunststoffspule in konischer Form, auf das das Nähgarn aufgewickelt ist.

Gerader Fall: Ein Kleidungsstück soll schön, gerade und ohne Verformung fallen.

Gewirk: Stoffe, die industriell auf einer Wirkmaschine durch Maschenbildung hergestellt werden.

H

Halbleinen: Dies ist ein Stoff, der mit einem Kettfaden aus Baumwolle und einem Schussfaden aus reinem Leinen gewebt ist. Halbleinen wird für Tisch- und Bettwäsche verwendet.

Heften: Heften bedeutet, verschiedene Teile mit großen Stichen per Hand oder mit der Nähmaschine zu verbinden. Nach dem Heften kann ein Kleidungsstück erstmals anprobiert werden, und es sind eventuelle Änderungen vor dem endgültigen Nähen möglich. Der Heftfaden kann nach dem Nähen des Kleidungsstücks problemlos herausgetrennt werden.

J

Jeansstoff: ein robuster Baumwollstoff in Köperbindung, der ursprünglich immer indigoblau gefärbt war.

Jersey: Strickstoff, dessen Oberseite flache rechte Maschen und dessen Unterseite erhabene linke Maschen zeigt, sodass eine Art Rippmuster entsteht

K

Kettfaden: Die Kettfäden von Textilien sind die parallel zur Webkante auf den Webstuhl gespannten Fäden. Kettfäden dehnen sich nicht. An den Kettfaden orientiert sich der längs gerichtete Fadenlauf der zu nähenden Teile.

Knopfleiste: doppelter Stoffstreifen, in den auf einer Seite die Knopflöcher gestickt und auf der anderen Seite die Knöpfe angenäht werden.

Knopfloch: Dies ist ein mit Zickzackstichen eingefasster Schlitz, durch den ein Knopf gesteckt werden kann. Ein Knopfloch kann senkrecht oder waagerecht gesetzt sein.

Knopfschlaufe: Schlaufe als Ersatz für ein Knopfloch, hergestellt aus einem Stoffstreifen oder als kleine Garnschlaufe im Lanzettenstich gestickt.

Konfektion: serienmäßige Fertigung von Bekleidung in der Textilindustrie.

L

Linke Seite: Der Begriff bezeichnet die Rückseite eines Stoffs. Auf dieser linken Stoffseite wird in der Regel genäht.

Links auf links: Bei einigen Nähten wird links auf links genäht, insbesondere bei der ersten Etappe einer englischen Naht. Damit die beiden Stoffteile links auf links liegen, legen Sie ein Teil flach mit der linken Seite nach oben vor sich und legen das andere Teil so darauf, dass Sie dessen rechte Seite sehen.

M

Masche: Fadenschlaufen, welche die Oberfläche von Strickstoffen bilden.

Musselin: Dieser feine und transparente Stoff in Leindwandbindung kann aus Natur oder Kunstseide gewebt sein.

N

Nadelöhr: die Öffnung in einer Nadel, durch die der Faden gefädelt wird.

Nähfuß oder Drückerfuß: Der flache Abschnitt dieses Metallteils am unteren Ende der Nadelhalterstange an der Nähmaschine drückt den Stoff auf den Transporteur. Es gibt verschiedene Nähfüße für die verschiedenen Näh- oder Nahtarten.

Nähte auseinanderbügeln: Bei fertigen Nähten werden die Nahtzugaben mit dem Bügeleisen flach gebügelt, das heißt, die eine Seite wird nach links, die andere nach rechts gebügelt, damit der Stoff nicht zu dick wird.

Nahtzugabe: Der Begriff bezeichnet den Stoff zwischen der Schnittkante und der Naht. In der Regel müssen beim Zuschneiden eines Stoffs immer zusätzlich noch Nahtzugaben berücksichtigt werden, es sei denn, in der Anleitung steht etwas anderes.

O

Organdy: Dieser transparente Stoff aus sehr feinen, locker verdrehten Baumwollfäden wird durch Appretur versteift.

Organza: Dieses Material ist ein unversteifter feiner und transparenter Seidenstoff.

P

Paspel: So bezeichnet man eine Schnur oder Kordel, die in einen Stoffstreifen eingefasst ist und einen flachen Teil enthält, mit dem sie an den Rand eines Kleidungsstücks genäht wird. Nur das Relief der Paspel ist von rechts zu sehen.

Passform: Dieser Begriff bezieht sich auf die Weite und das Volumen eines Kleidungsstücks. Je nach Stil ist die Passform mehr oder weniger figurumspielend.

Pongé: Die feinste Form dieses leichten Seidenstoffes wird als Futterstoff für Kleidung verwendet.

R

Raglanärmel: Ein Raglanärmel wird am Halsausschnitt beginnend diagonal über den Schulterbereich in den Armausschnitt eingesetzt.

Rechte Seite: die gleichmäßige Stoffseite, die bei einem fertigen Kleidungsstück außen liegt.

Rechts auf rechts: So heißt es, wenn beim Nähen die Teile mit ihren rechten Seiten aufeinanderliegen. In der Regel werden Nähte auf der linken Stoffseite genäht, die Stoffteile liegen dabei mit ihren rechten Seiten aufeinander. Sie legen das eine Teil flach vor sich – die rechte Seite zeigt zu Ihnen – und legen nun das andere Teil so darauf, dass Sie dessen linke Seite sehen.

S

Satin: Stoff, der aufgrund der Atlasbindung eine glänzende und eine matte Seite besitzt.

Saum: Endbearbeitung, bei der an einem fertiggenähten Modell ein einfacher oder doppelter Umschlag genäht wird.

Schablone: aus festem Karton ausgeschnittene Form, die als Schnittmuster dient.

Schieber: Teil aus Metall oder Kunststoff, mit dem ein Reißverschluss geöffnet oder geschlossen wird.

Schräg zum Fadenlauf zuschneiden: Das Zuschneiden eines Kleidungsstücks oder eines Teils des Schnittmusters quer zum Fadenlauf, also im Winkel von 45 Grad zum Fadenlauf, verleiht dem Modell eine natürliche Flexibilität. Nimmt man den Stoff in diesem Winkel in die Hand, stellt man fest, dass er sich von selbst dehnt.

Schrägband: So bezeichnet man einen Stoffstreifen, der quer zum Fadenlauf, also schräg zugeschnitten wird. Das Schrägband ist so gefaltet, dass es eine Stoffkante beiderseits umschließt.

Schulterpolster: halbrund geschnittenes Stoffpolster, das oben an den Schultern zwischen Stoff und Futter sitzt, um die Schulterlinie zu begradigen.

Schussfaden: Bei gewebten Textilien entspricht der Schussfaden den senkrecht zu den Webkanten laufenden Fäden. Schussfäden sind dehnbarer als Kettfäden und geben nach.

Serge: Der bekannteste Stoff, der aus dieser Webart mit diagonaler Köperbindung hergestellt wird, ist der Jeansstoff.

Stoffbedarf: Der Stoffbedarf – der in der Regel auf dem Schnittmuster angegeben ist – bezeichnet die Stoffmenge, die für das Nähen eines bestimmten Modells benötigt wird.

Stoffbreite: Breite einer Stoffbahn inklusive Webkanten.

Stoffüberstand: ein Zuviel an Stoff bei einem Saumumschlag oder in Rundungen wie den Armlöchern.

T

Taft: glänzender Stoff aus Seide oder Synthetikfasern mit raschelndem Griff.

Tuch: Dies ist die Bezeichnung für ein textiles Gewebe, das einfach mit Kett- und Schussfäden gewebt ist, unabhängig von der Art des Fadens. Der Fadenlauf des Kettfadens ist senkrecht zum Fadenlauf des Schussfadens.

Tunnelbund oder Tunnelsaum: Dies ist ein Bund oder Saum, der einen ausreichend breiten Tunnel bildet, um eine Kordel oder ein Band einziehen zu können. Mit einem Tunnelbund oder Tunnelsaum kann der Stoff in der Taille, am Hals oder Handgelenk zusammengezogen werden oder er ermöglicht eine regulierbare Weite.

Tweed: Wollstoff mit unregelmäßiger Oberfläche, verwebt in Leinwandbindung oder Köperbindung.

U

Überwendlich nähen: Dabei wird per Hand oder mit der Maschine im Overlock-Stich genäht, um Stoffkanten zu versäubern. Einige Nähmaschinen nähen diesen Stich gleichzeitig mit dem Steppstich beim Zusammennähen zweier Teile.

Umschlag: einfacher Umschlag an einem Stoffrand zur Unterseite hin.

Umschlag (doppelter): Nach dem ersten Umschlag wird ein zweiter Umschlag gefaltet, der größer sein muss als der erste.

Unterfadenspule: Dies ist eine kleine Metall- oder Kunststoffspule, auf die man Nähgarn aufwickelt. Sie befindet sich im Unterfadenfach der Nähmaschine und spult beim Nähen den Unterfaden ab und reguliert dessen Spannung.

V

Velours: Dieser Stoff mit samtähnlichem kurzem Flor auf der rechten Seite wird je nach Art der Fasern für Bekleidung oder als Möbelstoff verwendet.

Versäubern: Mit dem sogenannten Versäuberungsstich (meist Zickzack) wird um die Stoffränder genäht, um zu verhindern, dass sie ausfransen.

Vliesstoff: Diese Stoffart, die aus kurzen gemischten Fasern durch mechanische, thermische oder chemische Verfestigung hergestellt wird, ist je nach Verwendungszweck mehr oder weniger voluminös.

W

Wattierung: Auf der Stoffrückseite oder zwischen Stoff und Futter wird Wattefutterstoff eingenäht, damit ein Kleidungsstück besser wärmt.

Webkanten: Sie werden aus den Kettfäden gebildet, die an den beiden Kanten einer Stoffbahn eng gewebt werden.

Z

Zickzackstich: Nähmaschinenstich, der unter anderem zum Versäubern von Stoffrändern dient.

Ziernaht: Dabei wird von rechts wenige Millimeter neben der Naht abgesteppt.

Zuschneidelinie: Linie auf dem Schnittmuster, auf der das Teil zugeschnitten werden soll.

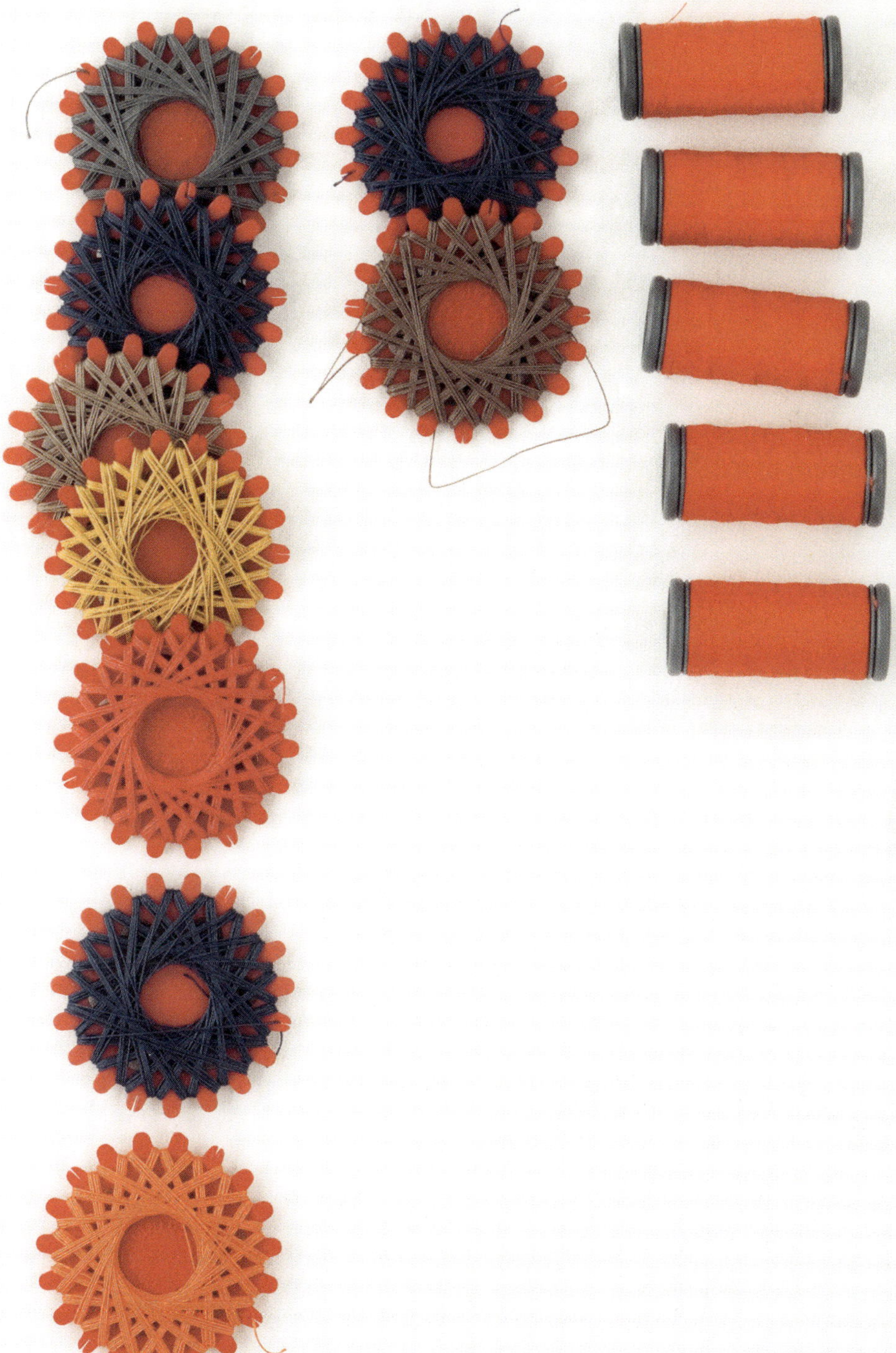

Stichwortverzeichnis

Bügeln

Modelle

Nähgarne

Nähkästchen

Nähmaschine

Nadeln

Nähfüße

Nähfüße

Nähtechniken

Pflege

Schnittmuster

Stiche und Nähte

Handstiche

Maschinennähte

Maschinenstiche

Stoff

Fasern

AFS

Dank

Meinen herzlichen Dank möchte ich dem gesamten Team von Moline Mercerie aussprechen, das mir mit seinem Wissen über alle Produkte rund ums Nähen sehr geholfen und mir auch großzügig alle Produkte zugänglich gemacht hat. Einen Besuch des Geschäfts ebenso wie des Blogs kann ich nur empfehlen.

Moline Mercerie
2-4-6, rue de Livingstone
75018 Paris
www.moline-mercerie.com/blog

Ein großer Dank geht an Betty Bensimon und Moon Kyu Lee, die mir freundlicherweise als Mannequins zur Verfügung standen, Dank gebührt auch Clément Camus, Viviana Mendéz Moya, Olivia Stahly, Fred Winkler (DCW) und Doryane-May van Tornhout (Make Up Artist) für ihre Mitarbeit beim Entstehen dieses Buches. Ich bedanke mich sehr herzlich bei Christine, einer erfahrenen Schneiderin, die mir mit unerschöpflicher Geduld beim Nähen meiner Modelle geholfen hat.

ISBN 978-3-572-08107-3

1. Auflage

Die französische Originalausgabe erschien erstmals 2011 bei Marabout,
einem Imprint von Hachette Livre, unter dem Titel *Mon cours de couture*.

Projektkoordination dieser Ausgabe: Dr. Iris Hahner
Umschlaggestaltung: Atelier Versen, Bad Aibling
Übersetzung: SAW Communications, Mainz, Christa Trautner-Suder
Gesamtproducing: SAW Communications,
Redaktionsbüro Dr. Sabine A.Werner, Mainz,
in Zusammenarbeit mit INKA satz & grafik, Rudersberg
Herstellung: Sonja Storz

Verlagsgruppe Random House FSC® N001967
Das für dieses Buch verwendete FSC®-zertifizierte Papier *Juwel Offset*
liefert Kostrzyn, Polen

FSC
www.fsc.org
MIX
Papier aus verantwortungsvollen Quellen
FSC® C012536

Druck und Bindung: Těšínska tiskárna, Český Těšín
Printed in the Czech Republic